[英国] P. H. 马修斯 著　戚焱 译

缤纷的语言学

牛津通识读本 ·

Linguistics

A Very Short Introduction

译林出版社

图书在版编目（CIP）数据

缤纷的语言学 /（英）马修斯（Matthews, P. H.）著；戚焱译．
—南京：译林出版社，2013.6（2022.4重印）
（牛津通识读本）
书名原文：Linguistics: A Very Short Introduction
ISBN 978-7-5447-3284-0

Ⅰ.①缤… Ⅱ.①马… ②戚… Ⅲ.①语言学 Ⅳ.①H0

中国版本图书馆 CIP 数据核字（2012）第 219863 号

著作权合同登记号 图字：10-2014-197 号

缤纷的语言学 ［英国］P.H.马修斯 / 著 戚 焱 / 译

责任编辑 於 梅
责任印制 董 虎

原文出版 Oxford University Press, 2003
出版发行 译林出版社
地 址 南京市湖南路 1 号 A 楼
邮 箱 yilin@yilin.com
网 址 www.yilin.com
市场热线 025-86633278
排 版 南京展望文化发展有限公司
印 刷 南通印刷总厂有限公司
开 本 890 毫米 × 1260 毫米 1/32
印 张 8.375
插 页 4
版 次 2013 年 6 月第 1 版
印 次 2022 年 4 月第 11 次印刷
书 号 ISBN 978-7-5447-3284-0
审 图 号 GS（2007）2051号
定 价 39.00 元

序言

胡壮麟

受南京师范大学张杰院长之托，要为本书写个序。对我来说，在完成此任务的同时，也把它看作一次难得的学习机会；换言之，如果我不阅览全文，也没法写这个序。工作繁忙，难免走马观花，这里只是汇报一下自己肤浅的感想。

本书是一本关于普通语言学的读物。从各章的内容看，涉及语言学研究的任务和内涵、人类的语言、历时语言学、共时语言学、比较语言学、语言系统和句法学、语音学和音系学、神经语言学等专题。显然，在一本小书中，对每个专题不可能讲得很透。为此，阅读者不妨把注意力放在理解有关内容的一些主要观念上，如系统、言语、结构、语族等概念，也就是本书中提出的“元语言”，再具体点说，为了谈论有关语言的问题，我们首先要掌握谈论语言的语言。

既然内容有关普通语言学，在说理和取材举证上，它与一般语言学教材有所不同，如为英语读者编写的语言学教材偏重于枚举英语的例子，为中国学生编写的教材则偏重于汉语例子。但在本书中，尚有德语、法语、意大利语、希腊语、梵语、拉丁语，乃至吐优卡语，等等。原书作者的用意是很明确的，就普通语言学来说，我们所关心的语言现象或规律应该更具概括性和普遍性，应该在多种语言中比较、归纳和抽象。当然，我们不可能掌握这么多语言，但起码要在立足于本族语和自己学过的一两门外语的基础上，将视线看得更远一些，更广一些。

本书的最大优点是深入浅出，将一些非常复杂深奥的理论和观点娓娓道来，引人入胜。对一些概念和事实能根据不同情况，用地图、表格、图像、肖像照等多种方式加以介绍。语言学一类的课程因其对逻辑和分析的强调，往往不太受文科学生欢迎。我印象中最深的是有次上课时有位学生情不自禁地举例说：I hate linguistics！多么直率！因此如何帮助学生学好语言学有关课程是摆在我们语言学教师前面的艰巨任务。本书作者对这些问题的处理是成功的，值得我们学习。

本书的另一个优点是在作者饶有趣味的叙述中，不时提出一些让我们思考的问题。从第一章第一段作者便开门见山地提出“什么是语言学”以及“我们为何要将‘科学’一词引入这一领域呢？”一直到关于“语言与大脑”的最后一章，作者还在发问：“从以上观点可以做出许多假设，首先是我们至少可以知道语言控制区所处的位置，即使我们说不清控制的过程，但对于语言控制区的位置，我们到底有多大的把握呢？”读者如能对书中这样的或那样的、过去的或当代的、直接的或间接的问题有所反应，有所思考，并力图找出答案或表达自己的观点，必将是成功的学习者，必将是本书作者所期待的能和他对话的学习者。我深信，读者中能说 I like linguistics 的同道者还是有的！如果世界上只有一种声音，那么科学研究就会行之不远。如果有多种声音，那么我们就将进入“缤纷的语言学”世界了。

正是在这一点上，我还想多说一句。从全书内容看，本书作者更倾向于采用历史的、文化的、社会的视角来观察和讨论语言问题，但他并没有摒弃心理学家和认知语言学家所做的工作。即使作者并不赞同乔姆斯基的有些观点，他还是采用讨论式的口吻，甚至在正文间插入乔姆斯基的照片，这种有容乃大的精神值得我们学习。

翻译本书要求宽博的语言学知识和扎实的中英文功底，这保证了展现在我们前面的是一本译文流畅、意义通达的语言学著作，我就代表读者向本书译者预致谢忱吧。

2008 年 5 月 16 日

北京大学蓝旗营寓所

目录

第一章

语言研究

什么是**语言学**？词典将其定义为有关语言的学术性研究，或简称为有关语言的“科学”。语言研究者被称为**语言学家**。本书旨在揭示各类语言学家的兴趣所在以及语言的本质。但是我们为何要将“科学”一词引入这一领域呢？

人类语言当然是人类独有的，这么说并不深奥。语言研究者通常只能从自身即局内人入手。我们每个人至少会说一种语言，因此我们是在探讨自己生活的一个中心环节。我们处于有利的位置，因为我们能够认清许多局外人无法意识到的东西。但作为局内人，我们同时也面临着一些障碍。

有些科学家对其他物种的“语言”（我们不由得想要这么称呼）进行了研究。比如，我们知道许多鸟儿唱歌是为了占据地盘，蜜蜂发音是为了告诉同伴食物源的地点，还有一些灵长类动物的喊叫也非“天生”就有，其中部分也是后天学习所得。秋天，当我在花园里修整花草时，常常被欧洲知更鸟的歌声所吸引。这是唯一一种在非生殖季节拥有领地的鸟类，因此当其他鸟儿默不作声时，它却放声高歌。它的歌声很复杂，由若干段落组成，每段“主题”各异，互不相同，约持续一到两秒。据此，我们不难发现知更鸟歌声的结构，但人类的科学家缺乏足够依据证明这些很小的声音单位包含具体的“意义”。

秋天也是教授们为生活而忙碌的季节。当我准备讲稿时，我的脑海里浮现出这样一个问题：一个局外人该如何解析爱说话的智人发出的各种声音呢？假想一群外星人乘坐飞碟来到地球，对人类进行研究，他们不能用流利的美式英语对我们提问，当然电影中的对白除外。但假设——已经有人做过一些这方面的假设——他们以一种类似人类语言的声频彼此交流，如此一来，他们至少能听到我们在说些什么。他们会发现，我们聚在一起时很少默不作声。有时我们边干活边讲话，如一边烧饭或是一边吃饭，一边说话。其他时候，我们除了长时间的闲聊，则什么也不干。或许我们只是坐在椅子上，偶尔移动四肢或变换姿势。有时甚至是一群人围坐在一起倾听某个人讲话，就好像教授给一群学生授课。外星科学家可能无法立即读懂这一交际方式。试想，聪明的人类花费了多长时间才最终破解鸟儿的歌声！假如他们拥有类似于人类的洞察力，又将如何分析录下的声音呢？

作为局内人，我们认定言语由单词组成。比如，有人说*three oranges*，单词*three*是一个具有某个意义的词，*oranges*则是另一个具有不同意义的词。但局外人可能对此不太了解。如果你对此怀有疑虑的话，那么就试着去听一种完全陌生的语言，其停顿通常出现在说话者呼吸或犹豫时，若要进一步划分出更小的单位，则存在一定的难度。因此，就算我们确信该单位的存在，也无法准确判断其起止位置。如果还不是很清楚，可参见下页图1关于在英语中三个连续自然说出的单词录音。信号差异主要体现在元音与辅音的区别，而词与词之间并没有断开。外星观察家开始似乎只能听到一段不断变化的言语，但又怎能确

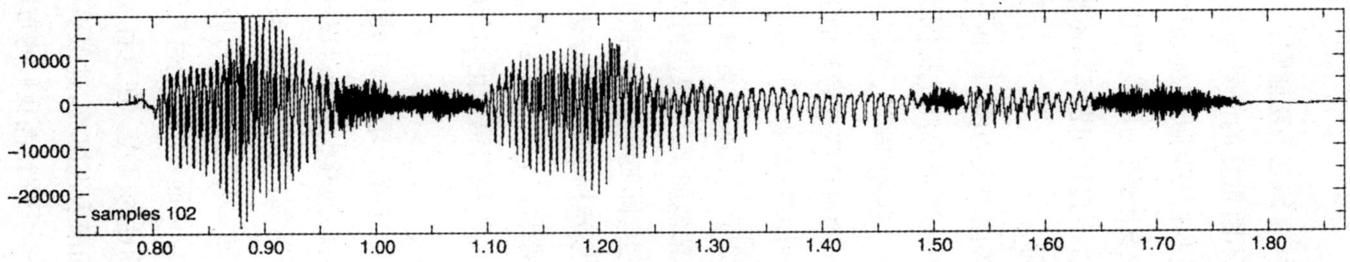

图1 *those three oranges* 的波形图。它说明听觉信号随时间(从左至右)变化而变化,时间间隔为十分之一秒。

定其中的某一部分是否具有独立的功能呢?

一种常规方法是在不断重复的信号与观察得到的人类行为之间建立联系。这正是我们在判断其他物种的"报警信号"时所采取的手段。一旦信号发出,听力所及范围内的同伴或躲藏,或上树,或飞走,或奔跑。不过稍加思考后不难发现,语言研究其实很少以这种方式进行。

以一群边喝咖啡边谈话的人为例,其中一人手持咖啡壶问有没有人要再来一些。我们很难预测他提问的具体内容,他可能说的是"有人需要再来一些咖啡吗",或者"有谁再来一杯",或者"要再来一杯吗"。作为对这些或者其他提问的回应,有的人会端起杯子让人把咖啡加满,有的人只是摇摇手。提问者讲话时甚至根本不必手持咖啡壶,即使拿着壶,壶也可能是空的。如果有人要加,就去厨房帮他加满;如果没有人要加,对外星观察家而言,则什么也没发生。即使咖啡就在眼前,咖啡壶被人拿着,也不一定就表示要不要添加咖啡。说话者可能是问某人是否记得把咖啡列在购物清单上了。这在日常交流中是很常见的。那么,外星人怎样才能发现言语是由类似**咖啡**这样的单词组成的呢?

对于讲座,外星人更难理解。几乎一直是报告人一个人在讲。即使有人在讲座上发言,通常也是针对报告人,而非其他听众。学生听讲座时大部分时间忙于记笔记。假设一位学生没有理解的话,他为什么要记笔记呢?外星人可能会将此视为有力的佐证,证明人类的言语总体而言并不涵盖具体的"意义"。讲座可能会被视为一种周期性的仪式。在这种仪式上,年纪较长的成员在较年轻的成员面前表现权威。这似乎与我们平常所见的知更鸟占据领地并无多大区别。而我们的布道可能会被他们视为一种更加复杂的“居高临下的仪式”。另外，还有流行音乐会，外星人会觉得观众的地位低于表演者，他们以跳舞、欢呼和鼓掌的方式表示出自己的屈从。外星观察家对讲座、布道、音乐会等形式的观察非常精确，但他们的观点却与实际相差甚远！

作为一个局内人，研究语言具有非常明显的优势。例如，我们起码知道，有些声音是“语言”，而另一些却不是。（可以想象，一个局外人得反复揣摩咳嗽和打喷嚏的含义。）我们还知道，语言不是统一的，在相邻的社区以及相近的政治集团中使用的言语不尽相同。因此，语言学应被视为一门关于多种语言的科学。我们知道言语是由具体的、更小的单位所组成，而这些单位又由元音和辅音这样的单位所组成。我们还知道，语言不仅仅是以面对面的形式交流眼前事项的工具，它还被人们用来思维和计算，可以说语言无时不在、无处不在，有时还相当复杂。

如果站在外星人的角度研究人类语言，同样有很多有利条件。而作为局内人，我们应力求做到公正客观。每个人都会说话，每个人都要用语言本身来谈论语言。哲学家所谓的“元语言”即用以谈论语言的语言，通常具有“客观语言”的基本特征。任何一个研究人员都不可能跳出这一循环。在本书中，“我们”代指语言学家。“人们”表示研究主体的集合。任何一处提到的“我们”都是指“人们”。在最后的分析中，“人们”也都是“我们”。例如，知道“bird”用法语说是*oiseau*的人们正在像语言学家一样，用某种语言（如英语）来讨论一种语言。

小心意义

让我们进一步分析这个有关法语的表述。*oiseau*是斜体，这是语言学家在引用单词或词组时的惯例，如*les oiseaux*（“鸟儿们”），*J'ai vu les oiseaux*（“我看见了鸟儿们”）。另一个惯例是将翻译放在引号中，如*oiseau*（“鸟”）。那么，当我们说到“表示‘鸟’的那个词”，这是什么意思呢？乍一看，这句话直接明了。人们必须谈论世界上不同种类的动物：鸟、昆虫、蛇等等，任何语言必有一词与之对应。不同的语言用不同的词表示“鸟”：英语是*bird*，法语是*oiseau*，西班牙语是*pájaro*，等等。但由此产生一个根深蒂固的谬误，这一谬误直到20世纪才被语言学家和哲学家纠正。我们总是需要借助某种语言来讨论语言，如在英语中有*bird*这个单词，它的意思是“鸟”。人们常常在学会该单词前，就已经掌握了它的意义。

这一谬误粗略说来就是，单词是先在事物的名称。下面这段话引自钦定本《圣经·创世纪》，描述的是亚当作为伊甸园中唯一的人，如何为与他共同生活的动物取名。

> 耶和华神用土做成荒野、各种走兽和飞鸟，一一带到亚当面前，他说什么，那个物种就取什么名称。
>
> 《创世纪》2.19

很多个世纪以来，这段话在基督教盛行的欧洲一直处于语言学思想的中心位置。另一段重要的话是有关巴别通天塔的故事，在同一本书中稍后出现。亚当取名的故事将语言的起源阐释为某种在我们周围罗列事物的方式。第二个故事解释了为什么“整个地球”没有使用“同一种语言和同一种言语”。因为上帝为了束缚人类，故意以此来“困惑”大众（11.1—9）。

不管起源如何，这种“困惑”始终困扰着我们。不妨从另一角度来讨论*bird*和*oiseau*。这两个单词都是斜体，英语中的*bird*和法语中的*oiseau*均指代一类动物。说英语者用*those birds*表示不同种类的鸟群；而为了表达相同的意思，说法语者则用*ces oiseaux*。以上是我们的基本发现，主要涉及单词在不同语言中的使用方式。人们通常使用英语、法语或某种其他语言来表达物体的名称，因此不难达成共识：法语中的*oiseau*可以用英语中某个与之意思相近的词（放在引号中）代替。在英语中，我们用"bird"表示*oiseau*，正如在法语中，我们用"oiseau"表示*bird*。然而，我们不可强求每种语言中都有某个意义指向一个先在的"鸟"的概念。各种语言之间的主要关联存在于*bird*和*oiseau*之间，存在于在这两个单词和西班牙语*pájaro*之间，如此等等。

从上述观点出发，我们对于词汇意义等值的缺失就不会感到惊讶了。比如，法语学习者都知道，法语中没有一个与英语中的*river*相对应的单词。有时可以用*fleuve*，但多数情况下用*rivière*。即便用*rivière*，也无法准确表达英语中*river*和*stream*之间的细微差别。英、法两国世代为邻，它们的语言存在许多共同点。在这个例子中，我们可以从对应点谈起。但有时明显的相似点却会误导我们。

例如，"母亲"在纳瓦霍语中怎么说？纳瓦霍语(Navajo)这个词的发音与它的另一个写法相同（"**Na**-va-ho"），它是生活在美国西南部地区的一个民族所使用的语言。他们至今拒绝只用英语交流。如我们料想的一样，他们的传统文化尽管与我们的相距甚远，但有一点是相同的，那就是无论是他们还是我们，都是由女子生育出来的。英语中的*mother*是指每个人与他/她的母系长辈间的生物学上的关系。可以说，某些"意义"先于相应的单词而被我们人类所感知。

最先研究该民族的人类学家发现，在该民族的语言中，有一个词*shimá*对应英语中的*mother*，但它的基本意思并不是"生物学上的女性家长"。根据加里·维瑟斯本20世纪70年代做的有关记录，该民族特别强调*shimá*繁衍和维持生命的行为。只要具有此种行为的生物，就可被称为*shimá*。在一个对其他人或动物的权利极其敏感的社会中，母系一族的任一成员都是*shimá*。进一步扩展下去，每一个女性成员都是*shimá*。这个词常常是有效的：比如，*shimá yázhi*可以用来翻译*aunt*（虽然不是每次都可以）。我们甚至可以将*shimá*的所指延伸至人类以外，因为不只是人类繁衍和维持生命。如玉米田、羊群也是如此，它们也可以被称为*shimá*。地球本身也是，它也是*shimá*。

我们感叹道："啊！当人们说'大地母亲'时，并非说地球是一位真正的母亲。"当然，在英语中，*mother*的原义是指生物学上的女性家长，上述表达方法只是第二位的。词典上通常首先给出单词的基本意义，然后是一系列的引申意义，如其他担当母亲角色的人，或许多能够繁殖的物种，等等。但在纳瓦霍人传统的文化中，地球并不只是一个*shimá*。用维瑟斯本的话说，它"不但是一位真正的母亲……而且还是一位最伟大的母亲"。因为地球本身是有生命的，她创造了最早的纳瓦霍人，并不断供养她的子孙后代。对*shimá*在纳瓦霍人语言文化系统中的特定含义，我们仅仅涉及一点"皮毛"。通过对该词的阐释，我们清楚地意识到，不能想当然地认为其他语言中一定存在与我们的母语相对应的单词。同样，我们也不能从单词*mother*中抽象出一个意义"mother"，并用其他意义如"雌性"、"家长"等来界定这个意义，我们理所当然地认为其他语言已明确将这两个意义与别的意义区分开来。"意义"并非与生俱来或任意存在，它们与文化密切相关，而语言只不过是文化中的一个方面而已。

由此我们得出结论：语言之间存在明显差异。我们应在自身文化和语言的情景中，学会客观地审视语言。在古希腊历史以及《圣经》里，有一种根深蒂固的理念：单词就是名称。因此，我们很自然地认为，正如*Mary Smith*是某个可见到的人的名字，*bird*、*mother*或*love*也都是某种客观存在的事物的"名称"。同样，人们自然而然地将本族语放在引号中来解释另一种语言的意义。当我们说*oiseau*的"意思是'bird'时"，是基于这样一种想法，即有一个意义"bird"摆在那里，这个意义与*oiseau*紧密相关。按此逻辑，*bird*的"意思也是'bird'"。

严格地讲，上面这句话是不是一句废话？我并没有下此结论，否则，许多同行会提出相左的意见。相对于单词或更小的单位（如元音和辅音）来说，意义似乎更加复杂难懂。这些单位是不是一望而能知其意呢？

单词

我们对于诸如*bird*这样的单位组合视若无睹。毕竟，我们不是外星观察家，我们对于语言的研究已经有了良好的开端。然而，如果不能仔细观察我们的语言，这个良好的开端完全可能是假的。比如，我正在以书面形式讨论语言，因而很容易确定书面语中的每一个单词，如*bird*、*mother*以及*oiseau*。这样做没有不当之处，反过来却很愚蠢可笑。同样的做法有时是正确的，有时却失之偏颇。

在英语中，将书面语看作口语表达的指南是欠妥的。*come*中的*ome*与*home*中的*ome*并不押韵；*call*中的元音与*haul*、*bought*中的一样，后两个写出来分别是*au*和*ou*（或*ough*）。因此，有时在字母组合旁附上音标，放在方括号中，作为词典中的发音指南，这一做法有时于学习者大有裨益。在《简明牛津英语词典》里，按照英国南部的读音，*come*和*home*旁分别标注着[kʌm]和[həʊm]。[həʊ]中从[ə]到[ʊ]表示元音从前面往后面移动。相对于[kʌm]（*come*）和[kɒl]（*col*）中的短元音而言，[kɔ:l]（*call*）中的元音为长元音，其中 [:] 是长元音的标志，再如，[hɔ:l]（*haul*）、[bɔ:t]（*bought*）、[kɔ:k]（*cork*）、[pɔ:]（*pour*）中的元音均为长元音。

按照惯例放在方括号中的字母是国际音标（IPA），发明国际音标的目的是为了标注任何一种语言。音标[ʌ]相应地具有绝对意义，与*come*中的元音非常相似。国际音标本身只不过是一种书写体系。我们稍不留心就以为每个单词都能被单独标注。例如，句子*She will come*由三个单词组成：*She*（[ʃi:]）、*will*（[wɪl]）和*come*（[kʌm]）。在*She'll come*中，"*will*" 的音标变为[l]（*'ll*），这样还能算是三个单词吗？

另一种是把*She'll*看作一个词，用音标标注为[ʃi:l]，与[fi:l]（*feel*）相似。持相反意见的人认为，单词中的撇号说明，*'ll*是单词*will*的缩写。下面以*blackberry*为例，它写作*black*和*berry*，显然是两个单独的词，如词组*a black berry*（"一个黑色的莓子"）。那为什么现在变成一个单词而不是两个单词呢？事实上，作为单个的单词，*berry*的相对重音在第一个音节。在表示"黑色的莓子"时这两个单词的音标为['blak 'bɛrɪ]。值得一提的是，国际音标中的重音符号是 [']，该符号出现在*black*和*ber-*上。在*blackberry*中，*black*的重音更强，而*ber-*在很多情况下失去[ɛ]这个音，取而代之的是元音[ə]（专业术语为"非重央元音"），它常常出现在非重读音节中，如['blakbərɪ]。[ə]与['bʌtə]（*butter*）中的第二个元音相似。而*ber-*有时元音缺失，这个单词就发作

['blakbrɪ]。此时,“*berry*”可被看作元音弱化。事实上,我们在拼写单词时常常前后矛盾。如*hot dog* 并非总是拼成*hotdog*(['hɒtdɒg]),*monkey puzzle*也不总是写成*monkeypuzzle*。还有,*boyfriend*(['bɔɪfrɛnd])也就没有必要一定写作*boy friend*了。

现在假想在你面前有一种没人书写过的语言,其中有几个意思与*She'll come*、*They arrived* 和*I'll have eaten*相近的表达法。这些表达法分别应该算作几个单词呢?显然,不能根据英文翻译来推断,因为这些表达法可能分别只对应一个单词,而在英语中用到的单词数量却不相同。类似的问题常常困扰着欧洲传教士和行政官员。他们在书写非洲南部的语言或者其他什么语言时往往对单词的划分把握不准。事实上,即使他们书写的语言非常相似,其中有些人倾向于聚合,其他人则倾向于区分。由此可见,语言学家所面临的主要任务之一就是明确“单词”的定义及其划分依据。

作为一门“科学”的语言学

“科学地”研究一门语言,意味着在接受专业训练前,至少不应培养一种毫无批判地、“不科学地”接纳一切事物的思维方式。我们应尽可能客观地评价每一种语言以及所有语言的本质。做到这一点虽然很难,却非常有意义。

“科学”含义广泛,大学里通常将之与“文科”或“人文学科”相对应。“科学家”往往专注于技术革新和创造发明,他们整天泡在实验室里,运用崭新、昂贵的器皿,反复进行实验,最后总结出一些高深莫测的理论。相反,“文科”研究者则通常在图书馆查阅资料,伏案苦读,整合知识,运用推断能力,形成独树一帜的见解。大部分学生在进入大学前,就确定了将来的研究方向。当获得学位时，另一扇门对他们已基本关闭。

语言学则将两者有机结合在一起。显然，它具有“文科”的一面，因其与其他的人文学科紧密联系。比如，一些语言学家是研究语言发展的历史学家，而另一些则更接近于哲学家。语言学和“社会科学”密不可分，尤其与社会学和人类学关系密切。同时，它还具有“科学”的一面，主要体现在声学及声音的产生和感知上。许多跨入大学校门的新生对于学习现代语言只是懵懵懂懂，不知道究竟意味着什么，往往两三年后才意识到他们对语言学是如此着迷。

其实，划分“科学”和“人文学科”之间的界限并没有太大的意义，因为语言研究不过是一门由局内人自身实践、关于“人类”核心问题的“科学”而已。

第二章

“语言人”

语言学家认为“理智”且“博学”的智人首先是作为语言人，即会“说话”的物种而出现的，因为人类与其他物种最明显的区别就在于语言。

黑猩猩和大猩猩与人类关系最为密切，接下来要数其他不同种类的猿以及灵长类动物。我们可从电视上观察到它们的行为举止或聆听到它们发出的嘈杂叫声。总的来说，它们的发音单调乏味。此外，它们还通过诸如面部表情、手臂运动、触摸等其他方式进行交流，在这一点上与人类极其相似。它们与人类的最大区别在于语言方面。图2中一只母黑猩猩正在从另一只黑猩猩的毛发中挑拣扁虱和虫子。灵长类动物学家将此行为称为“整饰”。整饰的主体及对象是由动物之间的地位及其社会关系所决定的。不妨以两个关系较为亲密的女人作比。她们一起做饭，这么做本身可被看作友情的一部分。而在整个过程中，她们不会一言不发。如果已婚的话，话题可能是丈夫和孩子，甚至计划一次海滨之旅或者讨论其他与手头干的活毫不相关的话题。如果说黑猩猩的社会微结构通过整饰来维持，那么“语言人”的社会则首先由言语来维系。

这种对我们有重要意义的行为究竟源于什么呢？人的种

类还包括现已灭绝的早期人种：能人。化石证据表明，他们大约于两百五十万年前生活在非洲的东部和南部。更早些的化石是“人科动物”（一种与猿相比更接近人的灵长类动物）的。因此不难推断，用声音来交际的方式并不仅仅存在于人类或距离人类最近的物种之中。不过，它的发展极其迅速。根据所谓的“分子钟”推算，人科动物与黑猩猩于五百万至八百万年前分离开来。从整个人类的进化史来看，这段时间并不算长，而我们所讨论的正是产生于这一阶段并生存下来的物种。使语言得以产生的那些变化究竟是逐渐发生的还是突然发生的？它们存在哪些有利或不利方面？对于所发生的一切，我们究竟能够了解或猜测到多少呢？

图2 黑猩猩的整饰。

言语结构

语言是有声的。确切地说，最初它就是一种有声的形式。一种动物唧喳作声，传递讯息，自然不可能被食肉动物灭绝。语言就是由此唧喳之声演变而来。在过去的五千年里，产生了书面语。现代社会的书面语已然形成了独立的体系。如今，在所谓"文明"或"发达"的国家里，仍有许多人不识字。我们常被称为会"说话"的物种，而不仅仅是能"写字"的物种，即"书写人"。

因此，我们应格外小心，不可将言语特征简单等同于某种书写体系的表征。相反，它往往与某些非言语行为紧密结合在一起。人们说话时，有时微笑，有时皱眉，有时招手或指向谈论的东西，有时摇头或手头干着其他事情。如图3所示，尽管做这个手势的人并没有恶意，但它在不同国家含义迥然不同。言语本身音量可大可小，语速可急可缓，音高可高可低。假想彼得正在外面玩耍，这时妈妈叫他的名字。他听到妈妈的喊声，却毫不在乎，不做任何反应。接着，妈妈可能会用一种更加紧急的声调重复他的名字：音量加大，元音拖长，元音音高平缓，或整体音高降低。声调好比"整饰"，对于维系家庭成员及朋友间的联系起着举足轻重的作用。与熟人交谈时，话语在音高、节奏和音量等方面常常能够协调到某个合适的位置，使人听起来舒心悦耳。例如，小说和电影剧本总是最大限度地彰显这些特征。然而，最重要的部分是书面语与言语之间的共同之处。

最明显的一点是言语由单词组成。更宽泛地说，言语结构根据不同意义对不同单位加以区分。例如，*Peter*一词可在不同组合中表示同一个人：在*She likes Peter*中，出现在 *likes*之后；在 *She looked at Peter*中，出现在 *at*之后；在 *Peter likes her*中，则

图3 一个手势。某人不耐烦地招手:"过来!快点!"然而,在所有国家,所有情况下,这个手势的含义都一样吗?

出现在 *likes*之前,等等。

同样,单词自身也有结构。如,*Peter*由辅音[p] (*p*)接元音[i:] (*e*),及 [t] (*t*) 和[ə] (*er*)构成,加上重音,音标为 [ˈpi:tə]。这些更小的单位还能形成其他组合:比如就[p]来说,后面接[ɪ]组成[pɪt] (*pit*),前面加[i:] 是 [hi:p] (*heap*),前面加[ɒ]后面接[ə]为[ˈkɒpə] (*copper*)。但有一点值得注意,以上提及的单位本身均无独立意义。所以说,语言由两层结构组成:一层是形成特定组合的有意义的单位,另一层是更小的、本身没有任何意义的单位。

类似于此的话语结构似乎并非是从黑猩猩或其他现有的灵长类动物演变而来的。然而，它却是我们人类高效交流体系的关键所在。

我们可以通过假设一种更加简单的体系来体会它的重要性。新的体系既没有“单词”也没有像元音和辅音这样的单位。人们说话无须很多努力：说出的话与其他灵长类动物的“叫声”无甚区别。如果真是这样，这些话语所能传达的意义就极其有限了。

叫声本身可能会非常复杂。例如，某个人会指着另一个人发出低音的咆哮，接着音高上扬，这可能意味着“他”或“她”病了。为了表示“他”或“她”调皮，这个人则会发出高音的咯咯的笑。这个人如果自己感到不舒服，可能在发出一连串咆哮声后连着一声叹息。各种叫声间的区别主要在于整体的差异。如最后一例中一连串的咆哮声并不是代表“我”；同样，叹息也不代表“病了”，因为这个人在表达“他”或“她”生病的时候就没有发出叹息。

上述体系对于意义表达是否有效呢？相对于灵长类动物的叫声，它所涉及的范围要宽泛得多。那么，如何区分不同种类的叫声呢？原则上，可以依赖一些细微差异：比如，有些咆哮音高较高，持续时间较长，另外一些则达到五次或六次。如果仅仅找出区别，似乎意义不大，关键要保证各种叫声不能相互混淆。区别越小，越是容易混淆。比如，青少年的低音咆哮可能被误认为是成年人的高音咆哮。另一解决办法就是使叫声拉长或复杂化。但如果那样的话，又面临着问题，因为叫声不可能复杂到接近真实语言的情形。特别考虑一下警告：这在其他物种听来就是“报警信号”。它们应清晰而简洁。显然，一声提示附近有危险动物（灵长类动物的叫声大约就是这么个意思）的叫声要比连续几声提示远处草丛中有一只雌狮或前面有六只鬣狗的叫声更加有效，因为后者需要花费较长时间，结果往往会延误了判断。

另一可能（对我们来说）是用不同的“单词”来表示雌狮、草地等等。假想一种与语言类似的体系，但其中的单词却并非由元音和辅音这样更小的单位所组成。*Peter is sick*由下面两部分组成：低音咆哮（“Peter”）和痴笑（“sick”）。如要表达*Mary is happy*，可以用吠声（“Mary”）加上口哨（“happy”）。表示*Peter is not sick*，不妨在最前面加上升调的咆哮，整个句子由三个部分组成：升调咆哮＋低音咆哮＋痴笑。同样，*Mary is not happy* 可以分解为：升调咆哮＋吠声＋口哨。以上所有叫声均不可再细分为更小的单位，如*Peter*中的 [p]或[i:]，因此无法重新组合成新的单词。

我们将此视为一大明显进步。问题是如果词汇量太大，很可能会出现互相混淆的情况。为了区分下面几句话：彼得病了，婴儿正在啼哭以及他哥哥外出打猎了，该体系需要多少咆哮声、吠声或口哨声来表达呢？在词汇量不是那么大的情况下，又该如何表达呢？

我们不必寻找上述问题的答案，因为现有的语言体系更加完美。诸如*sick*和*happy*等单位由无数更小更短的单位组成。[sɪk]（*sick*）中的元音和辅音重新排序可以组成[kɪs]（*kiss*），这里方括号中的是单词的国际音标。[bɪˈləʊ]（*below*）中的重音[ˈ]若转移便会变为[ˈbɪləʊ]（*billow*）。然而，英语中的音标并非任意组合的，如[sk]可以出现在词首（*skin*或 *skill*），而[ks]则不行。由于可能的组合数量太多，因此并不是每个都有意义，比如*sick*和

*zip*各取部分组成的*zick*就没有意义。值得注意的是，这些较小的单位本身并没有意义。*sick*、*zip*等单词中都包含同样的元音[ɪ](*i*)，但它的作用仅仅在于区别于其他单词，如*sick*有别于[sɒk](*sock*)，*kiss*不同于[kʌs] (*cuss*)，*billow*区别于[ˈbɛləʊ] (*bellow*)等等。通常，整个单词的意义与某个元音或辅音没有任何关系。

冗余

上述特征非常重要，因为它确保了言语结构必然是"冗余的"。如果工程师建桥时使用的材料多于所需最少材料的话，那么桥的物理结构就是冗余的。然而，冗余也有优点，如果某个部分破裂或爆裂，桥也不会倒塌。冗余同样存在于计算机硬件当中：即使当线路出现不可避免的问题时，它们仍可正常运行。语言冗余的长处是言语几乎不会被误解，较小的单位如[s]和[ɪ]均起着举足轻重的作用。

有种观点根深蒂固，认为有一种"语言"的词汇形式能够系统地反映意义。英语中一些以*gl*开头的单词如*glow*、*gleam*、*glitter*和*glare*均表示与光线有关的现象。然而，这一规则却存在很多特例，如许多不是以*gl*开头的单词，像*shine*、*dazzle*也表达相同的意义；而另一些以*gl*开头的单词，像 *glove*和*gloat*却与光线毫不相关。下面，不妨让我们假想存在着一种体系，在这种体系中，形式和意义之间存在着某种必然的联系。

从下页方框中的例词可略见一斑。若某词指代具体物体，则可以以*n*打头；若指代抽象概念，则可以以*m*打头。第一个元音*e*出现在表示植物的单词中，接下来是*b*，说明这些植物是可食的。方框中所有单词均以*neb*开头，区别在于表示一般意义的蔬菜(*a*)和水果(*e*),表示鳞茎蔬菜(*p*)和绿叶蔬菜(*t*),表示无核水果(*s*)和有核水果(*f*),只有末尾的元音才能将不同单词区分开来。事实上,上述体系并非毫无根据的想象,而是17世纪乔治·达尔加诺所设计的项目的一部分。相对于目前使用的语言体系,它显然略逊一筹。假设某人在一个嘈杂的市场打算购买蔬菜和水果。他原本想要一公斤洋葱(nebapa),一旦该词的某个元音或辅音搞错,就可能变成一公斤大蒜(nebape)或是籽苗(nebata)。类似的问题在现实生活中根本不会发生。就英语中对应的单词而言,只有*strawberry*和*raspberry*有部分相似,两词都以[bərɪ]或[brɪ]结尾。将一公斤洋葱(*a kilo of onions* [ˈʌnjənz])与一公斤大蒜(*a kilo of garlic* [ˈgaːlɪk])混为一谈的可能性微乎其微。

单词为什么不像这样?

nebapa	"洋葱"	nebesa	"草莓"
nebape	"大蒜"	nebese	"木莓"
nebapi	"韭菜"	nebesi	"葡萄"
nebata	"籽苗"	nebefa	"樱桃"
nebate	"卷心菜"	nebefe	"李子"
nebati	"菠菜"	nebefi	"杏子"

在实际语言使用中,词序排列没有遵循一定的原则;同样,单词内部的元音、辅音组合亦无章可循。这就意味着冗余的程度增加了。以词组*a bad meal*为例,在一般情况下,如果说得快的话,*bad* 中的[d]和*meal*中的[m]会重叠。如果不相信,可以

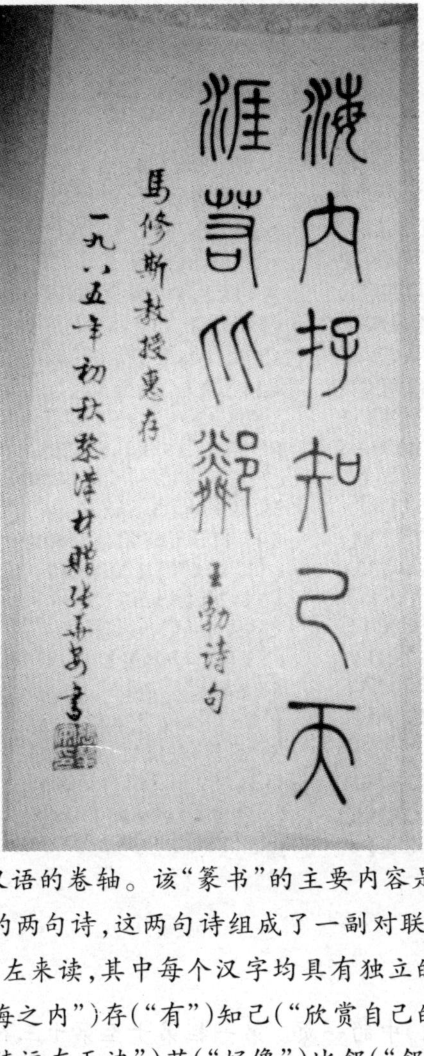

图4 一幅汉语的卷轴。该“篆书”的主要内容是公元7世纪著名诗人王勃的两句诗，这两句诗组成了一副对联。我们应从上到下、从右至左来读，其中每个汉字均具有独立的意义：上联——海内（“四海之内”）存（“有”）知己（“欣赏自己的人”），下联——天涯（“即使远在天边”）若（“好像”）比邻（“邻居”）。文字简洁对仗，寓意深刻，这种文学风格是王勃的那个时代所推崇的。这句话的意思可以理解为：“只要”X（上联），“就”Y（下联）。这句话的意思是：“只要有真正的朋友，即使远在天边，也感觉像邻居一样近。”这副对联是一位中国访问学者赠予我（一个无知的西方人）的。

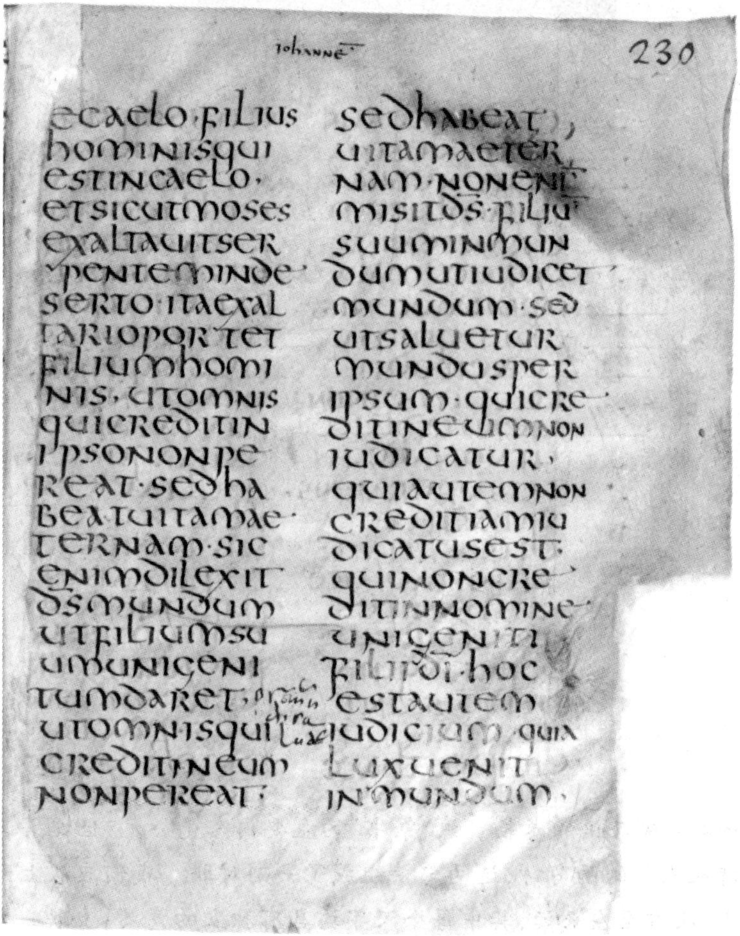

图5 拉丁语《圣经》中的一页。第一栏第十至第十三行标点符号之间的句子是：*ut omnis / qui credit in / ipso non pe / reat*，意思是："每一个笃信他的人都不会死亡"。注意最后一个词被两行断开（*pereat*意为"会死亡"）。该手稿为"安色尔"字体，写于7世纪，现藏于梵蒂冈图书馆。

对着镜子，看看你的嘴唇何时合拢。尽管发出的是[d]，但听到的往往是[m]、[t] 或其他辅音；有时甚至什么也听不见。总之，不可能是*a* [bam] *meal*，因为英语中根本没有*bam*这个词；也不可能是*a* [ba] *meal*，因为不仅没有[ba]这个词，而且在任何情况下，单词都不会以[a]结尾，而不接末尾辅音；也不可能是*a* [bat] *meal*，因为尽管存在*bat*这个词，但出现在此组合中却没有任何意义。即使[d]不发音，可能的组合只能是*a* [bad] *meal*。

语言的冗余非常明显，书写体系只能揭示其部分的结构特征。读者必须能够识别不同的单词，不过单词总是作为整体出现。在算术中即是如此，比如2（读作[tu:]）+（读作 [plʌs]）3（读作[θri:]）。尽管每个汉字都很复杂（见图4），汉语体系也是建立在此基础之上。其他语言体系基本能够描述出组成单词的更小单位，如字母。现代的书写体系通过单词之间的空格来区分一个个单词。这些空格严格说来不一定是必要的，但却帮了大忙。图5阐明了拉丁语和希腊语在某几个世纪的书写方式——单词都被挤在了一起。正是由于语言结构的冗余，才使得我们仍然能够慢慢地将其高声朗读出来。

“语言人”是如何进化的

我们对于语言的起源，究竟知道多少？有一种理论认为，语言源自相关种族之间社会行为的“整饰”（图2）。由于许多灵长类动物的社会团体规模较小，“整饰”便成为一种形成和维持社会关系的有效途径。相反，人类社会规模较大，在其不断壮大的过程中，相互关系的维系主要是通过复杂的言语行为方式。“语言”成为维系社会的有效手段。

然而，“语言”二字必须加上引号，因为言语行为的复杂形式并非都在我们谈论的语言范畴之内。另外,类似语言的交际形式如果从一开始就起作用的话,那么在接下来的演变过程中便具有更多的其他功能。语言没有明显的同源现象,也很难将其与其他灵长类动物的叫声做类比——不是在我们现在所讨论的加了引号的情形下。同源现象体现在具有相同进化源的类似器官上:如人类的臂膀与四足动物的前腿。另外,同源现象还存在于行为上,比如灵长类动物的叫声——灵长类的某些动物在很早之前就与人类和黑猩猩走上了不同的进化道路。同源现象还表现在进化源不同但具有类似功能的部位上:如蝙蝠的翅膀与鸟儿的翅膀。根本问题在于,就语言的同源现象而言,我们找不到任何可以帮助我们理解的相似点。因此我们很难排除任何可疑的理论。有人甚至提出语言产生于某些复杂的手势,这些手势逐渐演变为言语形式。

另一个值得深思的问题是我们首先关注的是哪种进化。毫无疑问,其他物种的行为部分由遗传而得,部分来自经验,如不同猴群表现出截然不同的行为特征。除此之外,基因的进化也起着举足轻重的作用。具有某种行为特征的个体具有较强的生殖能力;它们的后代获得遗传基因后,同样具有相似的行为特征,如此反复,一代一代相传下去。

我们作为局内人,学习语言时能够充分意识到哪些知识只能通过经验来获得。如果我说英语,那是因为在成长过程中,我身边的人都讲英语。假如一对说英语的夫妇的小孩被一对说法语的夫妇收养并带到法国,那么这个孩子就会说法语,而不是英语,即使他的基因不变。人类并非"天生"就会讲英语、法语,或其他某一社区的某种言语。接下来,我们的问题是,这是否就是全部的情况。语言通常与基因无关,而是"文化的"进化和人类社会不断交往的产物。尽管如此,言语结构在多大程度上受到基因遗传的影响呢?

回答这个问题可以从两个不同的方面入手，可是这两个方面都不易入手。其一,我们可以从儿童是如何学习语言这个方面入手。儿童的语言发展能被看作完全是通过经验而习得的吗?诺姆·乔姆斯基给出的答案是否定的。他认为,言语发展的关键期很短,但一般儿童都能成功习得。语言的发展极其复杂,尤其表现在单词的组合模式方面。不同语言之间虽然存在很大差异,但某些模式总是很难掌握。严格说来,它们能被学会吗?儿童的语言学习经验无非是他们听到的周围人的讲话(包括周围人对他们的讲话),以及人们对儿童自己所讲的话的反应。显然,这种“学习”不可等同于系统的“教学”。而成年人不仅知道单词该如何组合,而且知道什么样的组合是不存在的。我们从经验中能够做出这样的推断吗?

乔姆斯基及其追随者对上述问题的回答是否定的。他们认为,人的大脑中存在一整套与生俱来而非后天习得的抽象的语言机制。因此,儿童的语言发展取决于经验的输入与内部语言结构机制的交互作用。

如果上述论断正确的话，需要解决的根本问题就变为这些结构机制是如何通过基因变异而不断进化的。“类似语言的”行为很可能从较早的人种演变而来，如生活在石器时代的能人。然而,就我们所知,语言最早从智人发展而来。一种较为可信的观点认为语言最初出现于一群被古生物学家称为“现代解剖人”的人种当中。该人种可追溯到大约十万年前,后来逐渐取代其他人种,将有现代结构的语言传播到世界各地。由于语言的进化十分短暂,有人走向了极端,认为语言的进化是基因突然变异的结果。

此外，我们可以试图推测语言是否经由文化发展而演变。方法之一是运行人们在特定情景中互相交往的电脑模拟模型。如此一来，可能带来两方面的内在压力：一是增加信息传递的种类，二是缩短信息长度同时使冗余最大化。人口虽然在不断变化，但可以通过设置使得语言系统可以最轻易地被新成员接受，因而，电脑模拟适用于一代又一代人。剩下的问题是，为了完善交际，语言及其某些特征究竟能够进化到何种程度。例如，一种模拟方式显示元音可能出现过三类差异，即[i]类音、[u]类音和[a]类音。

语言的产生究竟是一次还是多次？这个问题常常被问起，如果答案是遗传基因的迅速变异，那么单次起源的假设就会令人信服。相反，若强调文化的进化，“一次”起源说则站不住脚。在欧洲，我们的最后一个近亲要算尼安德特人，他们几万年前就已灭绝了。严格来讲，尼安德特人根本没有“语言”，20世纪70年代的研究发现，尼安德特人的器官不能区分类似我们语言中的元音。而宽泛说来，依据一些考古学证据，我们可以合理地推测，尼安德特人是有语言的。另一种可能是语言的一些普遍特征迫于交际压力，最先出现在不同的人群中。

“研究人类最好由人开始。”亚历山大·蒲伯说。词句有时会与语境脱离开来（《人论》，Ⅱ，2），“别指望上帝会替人类审视”。对许多语言学家而言，最好的研究就是从现有语言的结构入手。要想探究语言的进化过程，无疑是一种奢望。但是对这一问题的思索至少可以让我们认识到人类远远优于其他物种的一大原因。

第三章

穿越时空的语言

人们使用的词汇随着时间的变化而不断改变，如*grotty*最初出现于20世纪60年代，现在已逐渐被大部分英国人接受了。*gay*作为“同性恋”解释，源于监狱俚语，20世纪50年代在《牛津英语词典》中被定义为“一个美国的委婉语”。自那以后，新的释义逐渐被人们采用，甚至在许多老年人的言语中也能发现它。当他们年轻时，该词仅仅出现在词组*gay bachelor*中或是华兹华斯描写水仙花的诗歌中（“A poet cannot but be gay”）。20世纪四五十年代，英国年轻人把*wireless*或*wireless set*看作两个极其普通的单词，意思是“收音机”。然而，现在人们却用得越来越少，即使那些过去用得很多的人，现在也几乎不用*wireless set*这个说法了。

言语的变化远不止于此。在老电影《相见恨晚》中听到的口音，以及内维尔·张伯伦发表的二战宣战通告，如果由现代人来说，听起来会觉得非常别扭。从长期来看，我们可以研究反映早期言语的书面文本。以上均说明了每一种语言都在变化，而且变化多端，有些说话方式甚至变得面目全非。

中世纪英语和古英语的句子

I have sent you diverse messages and writings, and I had never answer again.

（中世纪后期的英语。选自15世纪中期，多萝西·普朗普顿写给父亲的一封信。单词拼写按现代标准做了适当的改动。“中世纪英语”指大约1100至1500年间所使用的英语。）

þu ure fæder þe eart on heofonum sy þin nama ʒehalʒod.

（古英语。1000年左右人们在对上帝祈祷时的首句用语。*heofonum*的发音类似现代英语中的“hair-von-oom”，用国际音标可被标注为['heəvɔnum]。第一个词þu（[θu:]）是*thou*的早期形式，与德语中的*du*相似。sy（[sy:]）相当于动词“to be”（即“be thy name hallowed”）的适当形式。“古英语”指1100年之前的英语文本，具体来说，指在说法语的诺曼人1066年占领英国前的英语文本。）

参见上面方框中的第一句话，显然这是一个英语句子，它不需要翻译。如果由写信人亲自念出，相信我们都能理解其主要的意思。但是，有些地方并不符合现代英语的表达方式，如果她现在还活着，她就不会使用*diverse*这个词，*message*也不再指代通过通信员传递的口头信息，*again*也没有“回复”的意思了。另外，整个句子的词序也会有所不同。*had*应在*never*之后：*I never had*，更加地道的表达法为：*I have never had*。*answer*前应加上某些前置修饰词（比如*an*）：*have never had an answer*或*have never had any answer*。不管怎样，这封信（这样的信还有很多）在那个时代具有典型的代表意义。

第二句话同样是一句英语，因为现代英语从那时起经过一千多年逐渐演变而来。不难看出，*heofonum*是*heaven*或*heavens*的前身，而现在几乎要弃之不用的词*hallowed*则从*ȝehalȝod*发展而来。解读古英语必须像学习德语那样认真研读它。恐怕只有做好充分准备的专家才有一线希望能弄明白古英语的含义。而对于多萝西·普朗普顿来说，即使她生活的年代与我们的相比更加接近于古英语时期，但却丝毫无助于她对古英语句子的理解。

语言不仅因时间，而且因使用人群的不同而发生变化。英语有别于法语、德语，更加不同于日语和纳瓦霍语。当然，英语本身具有不同的口音，如苏格兰英语、澳大利亚英语等等，这已被看作是理所当然的事实。然而，为什么我们同样说的是语言，但各种语言之间却存在着巨大的差异呢？为什么两个人讲不同的英语，却能毫不费力地理解对方的意思呢？

上述问题的答案是，语言差异是长期变化的产物。圣博尼费斯（或称温伏雷斯）在8世纪规劝许多德国人皈依基督教，可以想象当时的英语与一千多年后的英语比起来，更加接近于德语。他在用拉丁语写作的时候，自称是“德国人”。追溯到五百多年前，在英语部落从欧洲大陆迁移至大不列颠岛之前，语言间的差异仅仅表现为一种语言的不同方言而已。但自那以后，两种居民分离开来，各自使用的言语经由不同的发展途径，从而演变为两种截然不同的语言。

然而，差异绝不仅仅体现在地域性方面。既讲英语又讲德语的人与只讲英语的人相比，行为举止亦有差异，这种区别往往取决于所操的语言。如果某人童年时期讲英语，后来讲德语，那么他的行为方式也会跟着有所改变。如果他最终讲德语多于讲英语,那么行为方式还会再次发生改变。这些似乎都是一些不言而喻的事实。另外,言语差异还体现在不同的方言及语音中,这一点更加值得研究与探讨。

具体差异

下面我们以一个具体的实验来阐述语言之间的差异。该实验是由威廉·拉波夫于20世纪60年代进行的一项关于纽约人所讲英语的研究。

该研究涉及的背景是在英语中,有时发“r”有时不发(当其后不接元音时)。例如,在单词*sport*或*pour*中,字母*r*接在*o*后,在说英语的地区,过去(假设那个时候国际音标已经被发明)这个音会被标注为[r]。现在这个音仍然被标注为[r],但在苏格兰、美国或英国西南部,它的发音会有所不同。在北美的大部分地区,这两个单词发作[spɔ:rt]和[pɔ:r]。人们将单词*pour*(有“r”)区别于*paw*(没有“r”),分别发作[pɔ:]和[pa:]。同样,*shiver* (['ʃɪvɚ])与*shiva* (['ʃi:və])的词尾元音也不一样,区别在于前者带有“r化音”。

众所周知,英国南部的英语发生了一些变化,直到18世纪后期才基本定型。现在当地人认为,*sport* ([spɔ:t])与*ought*([ɔ:t])押韵,*pour*和*paw*的发音相同,都是[pɔ:]。*pour*后接元音时,其中的“r”就要发出,如*pouring* (['pɔ:rɪŋ])和*pour out* (['pɔ:r'aʊt])。同样,在*pawing*和*drawing*(['drɔ:rɪŋ])中也可能要发出。然而,早些时候并没有此音,这一点可以从单词拼写中推断出来。*shiva* (['ʃi:və]) 和*America* ([ə'mɛrɪkə])中均包含一个所谓的“连接r音”, 当后接以元音字母开头的单词时,*America is*应发作[ə'mɛrɪkər'ɪz],而不是 [ə'mɛrɪkə'ɪz]。此时,它们与原先以“r”

地图1 末尾音节不发[r]的英语方言。斜纹表示该地区[r]缺失，这一区域是连成片的。引自杰克·钱伯斯和彼得·图吉尔根据哈罗德·奥顿等人所著的《英国方言调查》绘制的地图。

结尾的词*shiver*或*butter*无甚区别，如 [ˈbʌtərˈɪz] (*butter is*)。在此种语音中，后面不接元音时，这两个单词同样没有[r]，发作[ˈʃɪvə]和[ˈbʌtə]。

地图1简要表明了哪些方言中缺失“r”。19世纪以后，这一变化波及北美洲东部殖民化较早的沿海城市以及澳大利亚、新西兰和南非等国的英语。从缺失“r”的地区分布图来看，我们不难推断出它的发展史。

然而，地图往往将事情简单化了。再回到地图1，它大致说明了英语方言的分布情况。因此它同时表示出了某个不说英语的地区受英语影响最小的某种言语。如果就此推断说当时斜纹地区的所有人不发单词中的“r”，而其他地区的人发“r”，那么无论是在当时还是现在，显然都是站不住脚的。若讨论仅限于某个语言现象的变化趋势，那么似乎有以偏概全之嫌。我们不妨来探讨一下“r”的缺失在人群中传播的路径。那些曾经发“r”的人是否会从某时起，突然不再发这个音了呢？这听起来似乎并不合理。那么，事实到底如何呢？

拉波夫在20世纪60年代的此项研究打开了人们的眼界，因为它向人们揭示出个人言语存在差异。无论是根据常识还是个人经验，我们都知道这一点。关键在于它的变化具有系统性，在没有明显证据证明的时候，变化也在发生。

其他语言学家就同一课题也展开了相关研究，探讨单词中“r”的问题。结果显示，20世纪早期，纽约人基本上不发此音。因此这里的人不说“美国普通话”。而到了50年代，情况变得复杂起来。不少当地人有时发这个音，有时却不发。由此可见言语变化所引起的差异。问题是这种差异是不是任意的。如果不是，真相到底如何呢？

根据拉波夫的描述，“r”出现的频率与说话者的社会地位紧密相关。他认为，该音可被看作“名望”的象征：发得越多，表明其受教育程度或社会地位越高。由此，他断定，“r”更多地出现在上层社会名流之间的谈话中；而且，较之闲聊，它更常见于谨慎的言语中。上述变化被拉波夫称作“由上而来”，之所以这么说，是因为过去社会下层人群不太在乎发不发“r”（可能由于职业的关系，他们认为名望与自己无干）。因为变化是近期才发生的，所以发“r”在年轻人中非常流行，在年长者中还未普及，他们可能从前很少发“r”，现在却发现处于极大的压力之下而不得不发此音。

上述观点可用下面的简单实验来证实。拉波夫选择了纽约的三家百货商店，分属高、中、低三个档次。他分别拜访了三家商店并向店员提出同一个问题，即他想买的东西在几楼（答案是四楼）。因此，他所得到的大部分回答是*fourth floor*，两词都可包含“r”或不包含“r”。每次他都假装没听清，要求店员重复一遍，这样他们就得把这两个词着力再说一遍。拉波夫预测，商店的档次越高，其店员为展现名望发“r”的可能性就越大，尤其是在更谨慎或被要求重复的情景下。结果，即便其中可能存在主观因素，但是他的假设完全成立。甚至即使在同一家高档商店里，在底层销售普通商品的店员与较高楼层销售高档商品的傲慢店员之间还存在差异。另外，本研究还发现年长的与年轻的店员之间也有区别。

稍后的一项研究采用了一系列的访谈形式，其中包括部分结构式和部分巧妙的非结构式问题，对象是居住在纽约市下东区的人群。研究结果进一步证明了先前的发现。该项目不仅涉及“r”，还包括其他人们所熟知的纽约方言与众不同的五个方面。其中之一是单词*thing*和*then*的开头辅音的发音。与许多美国人（不管他们是否承认）一样，纽约人将其分别发作[t]和[d]；而在英式英语中，则为[θ]和[ð]（单词音标写作：[θɪŋ]和[ðɛn]）；较为中性的标注是[tθ]和[dð]。上述举例没有显示出任何逐渐变化的过程,而人与人之间却存在显著差异,且与说话者的社会地位及讲话时的注意程度呈现出相关性。

此后,类似研究在不同地区重复进行了许多次,得出的结果是如果在不同说话者之间存在差异,那么即使当时不存在变化,仍然存在变化的潜质。某个变量会出现得越来越频繁,最终排除其他变量。

相反,如果语言发生变化,那么通常体现在不同说话者的具体差异上。例如,在某段时期内用*wireless*表示“收音机”的频率最可能根据说话者的年龄而发生变化。四百多年前,*not*可以直接接在动词之后:*It hurted not*,但却不能说:*It did not hurt*。*never*的用法与*not*的用法类似(如在多萝西·普朗普顿的信中写道:*had never answer*);在莎士比亚的作品中,同样可以发现相同的句式:*What ring gave you, my lord?* 该句的现代英语表达法为:*What ring did you give?* (《威尼斯商人》,V.1, 184)。以上语言现象发生变化的最重要时期是莎士比亚时代,即1600年左右。值得一提的是,当语言发生变化时,人们并非摒弃某种说法而使用另外一种全新的形式。从当时的相关文献可以看出,在五十多年的时间里,这一用法发生了明显的变化。严格说来,它仍在变化。牛津大学研究早期英语语言特征的专家J.R.R.托尔金对下面这句话进行过专门的研究:*To that the Elves know not the answer* (《魔戒》, V.9)。这虽然是英语,却已不再被人们所使用了。

语言为什么会变化

语言在不断变化是一个人尽皆知且毫无争议的事实,可被用来解释下面这个现象,即两种一度相同的语言(如英语或德

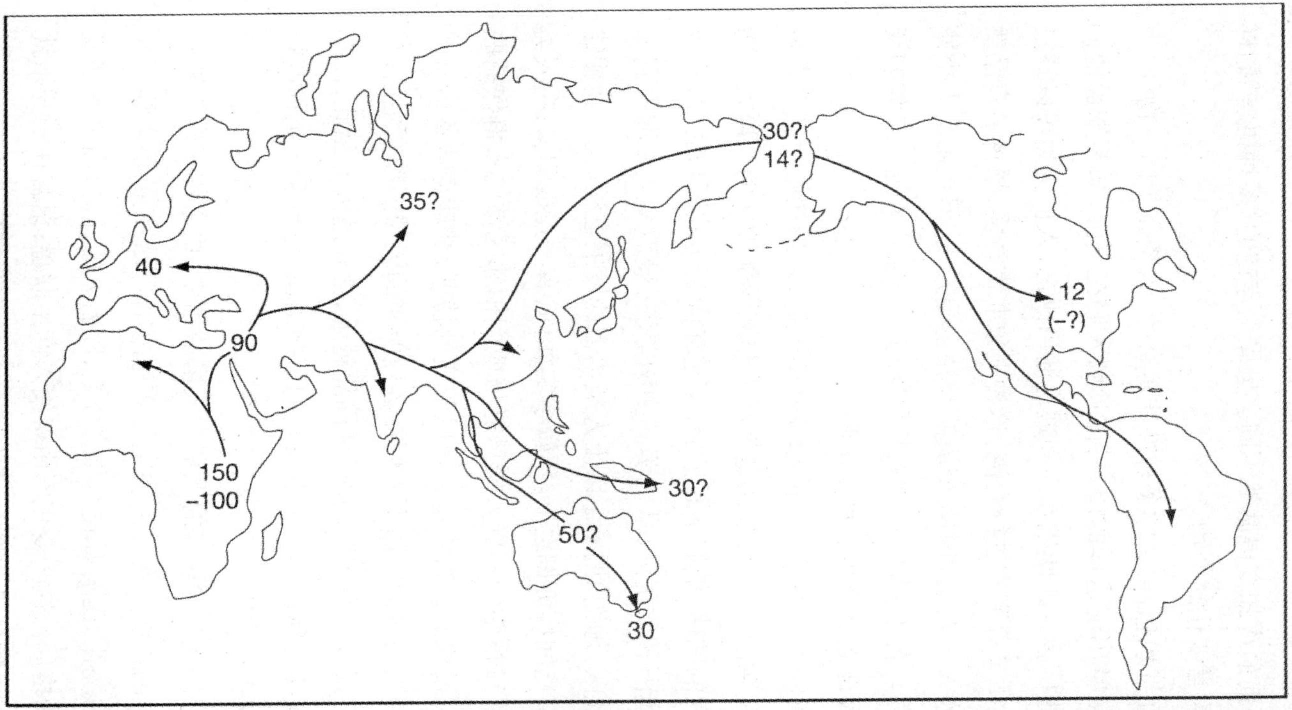

地图2 智人扩张范围图。年代(距今几千年前)不确定,部分取决于以下假设:当时海平面较低,大陆之间由“陆桥”相连接。

语)为何最终却变得截然不同。世界上存在的“多种语言”同样也是语言变化的产物。

仔细想想,语言的多样性非常奇妙。人类属于同一物种。生活中常常出现这样的情景:你听到人们在交谈,却不知道他们在说些什么。即使相互之间缺乏通用语言,人们仍然可以通过手势、微笑等形式进行交流。这种现象非常奇怪:虽然语言已然演变为人与人之间相互交流的一种主要方式,但是由于人类使用的语言各不相同,每个人却只能与一小部分人进行有效的交流。为什么会产生这种现象呢?

我们不妨假设语言的起源是单一的,它最初始于某个人种或亚人种,大家一般公认是生活于非洲西部地区的一群人。随着时间的推移,他们不断扩展,穿过非洲到达欧洲和亚洲,从亚洲到澳洲和北美洲,从北美洲到南美洲,最后又从亚洲再到太平洋地区。地图2揭示了以上人类语言的发展进程。这一猜测建立在某些间接证据之上。不管事实如何,有一点很明显:在人类的发展过程中, 不同人群只能与他们相邻区域的人群保持联系。假设原始语言中包含可以改变的特征,那就意味着语言并非是先天决定的。由于人们在各自所属的区域内独立生活,其说话方式发生着不同的变化(间隔越远,变化越大),因此,没有任何直接接触的不同人群所用的不同语言,发展到一定程度将会出现天壤之别。

在《希伯来圣经》的巴别通天塔故事中,语言的多样性被归结于神的干涉。在先天决定的变化范围内,最初的语言经历几万年的洗礼,逐渐形成不同的分支,随着人的迁徙,最终发展成目前的格局。这一变化不由得使人产生联想:语言在一开始就包含变异的种子。然而,为什么后来一定会产生变异呢?

答案之一出自但丁《神曲》中的亚当之口。下面方框中是一首摘自14世纪早期的诗歌。对我们来说，理解它并非很难，因为语言本身是“自然的”，是从人类祖先传承而来。语言的具体形式不过是人类社会文化的某些方面而已。而社会并非完全静止不动，人类在改变穿衣、饮食、法律和行为举止的过程中逐渐变化着。因此，各种语言不断发展变化也就不足为奇了。正如20世纪以来，人们的衣饰在不断改变，其说话方式发生变化也就理所当然了。总体来讲，语言变化就是社会变化，所以，对此感兴趣的不仅仅只有语言学家。那么，言语的基本变化是否类似于穿着打扮和饮食习惯方面的变化呢？

亚当是如何解释言语变化的

据《圣经》记载，人类最早的语言产生于伊甸园。亚当解释说，在建造巴别通天塔前，它就已经消失了：

For never yet did product of man's reason
    Remain unchanged, because of mortal taste
    Which changes ever, following the season.
Simply that man should speak is nature's deed;
    But how you speak, that nature leaves to you
    As best may suit with your immediate need.

（因为任何理性产物，
由于人的喜好随上天影响而更新不断，
都永不能经久不变。
人类讲话是自然的活动；
但是随后，自然又以这种或那种方式，

让你们根据自身所好来作出决定。）
甚至连上帝自己的名字都变了：

Ere I descended to the world of woe,
J was the earthly name of that supreme
Good whence the joy comes that enfolds me so;
El was his next name and that well befits,
For mortal custom is as leaf on branch
Which falls and then another follows it

（在我降入地狱的痛苦深渊之前，
世上曾把J称为至善，
而至善正是包拢我的那欢乐之光的来源；
后来又称作EL：而这是理所当然，
因为凡人用词犹如枝头的树叶更换，此去彼返）。

（但丁，《神曲·天堂篇》，XXVI，127—138，
T.W.拉姆齐译）①

这种看法很有意思。图6是一位19世纪后期英国最著名的语言学家的画像。请注意：他的领带系得松松的，而衬衫领口却浆得很硬，准是用纽扣在前面或后面将其固定住了。而图7为晚些时候一位著名英国语言学家的肖像。比较而言，后者的穿着更加接近于现代学者，虽然还不完全一样。斯威特和琼斯对于英语语音研究提出了独到的见解，当两人都在世时，英语就已经发生了变化。例如，*poor*和*moor*中的元音开始有别于*pour*和

①中译文由黄文捷所译，选自《神曲·天堂篇》，译林出版社，2005。——编者注

图6 亨利·斯威特（1845—1912）。英语著名语言学家及语音学家。其作品《盎格鲁-撒克逊读者》被多次修订，以供学生使用。

图7 丹尼尔·琼斯(1881—1967)。英国著名语音学家,国际音标最主要的创始人。

*more*中的元音，词典上将前两个单词的音标分别写作[pʊə]和[mʊə]。在许多英语变体中，这两组词都不同，但在英国南部，它们之间没有区别：*poor*和*pour*都发作 [pɔː]，*moor*和*more*都发作[mɔː]。然而，言语变化好比衣领和领带的变化，都是一个循序渐进的过程，通常需要经过一段时间才会发生。

但是我们的兴趣不在于简单地描述个别语言现象的变化，而在于阐释具体情景中的某种语言形式。大多数语言学家认为，语言从来就不是孤立的，所以我们的研究对象不只是某个元音、某个单词或者某个句型。实际上，语言的每一个细微的变化都会引起一系列的连锁反应，这些变化或同时发生，或前后相继。语言学家常常将这种相互关联视为语言的基本原则。如果这种基本原则是存在的，那么语言史的确是振奋人心的。

即使事实并非如此，有一点仍值得人们注意：言语发展的关键时期在于儿童阶段。不可否认，成人的言语确实可能发生变化，如使用某个新词或迁居后改变口音以适应新的环境等等。可是，他们使用的语言结构在十多岁前已经基本定型。一般两岁时，儿童开始将几个单词组合在一起；几年后便能够按照正确的语序并使用恰当的形式来表达自己的想法，并照此一直延续下去。

因此许多语言学家认为，语言的变化并非一朝一夕。儿童通常从其周围人的言语中汲取养分，提高自身的言语水平。人们一生的说话方式基本由儿时的言语习惯所决定。分析表明，只有当下一代的儿童接受的言语输入包含新的形式时，一种语言才会发生变化。因此，我们所面临的根本问题就是搞清楚这种变化到底是如何发生的。

目前，人们虽然在上述问题上尚未达成共识，但有一点却很清楚：语言的变化方式绝不像衣领和领带等时装的变化方式那样简单和毫无争议。

第四章

语族

我曾经读过一本书，书中写到意大利人在历史上的某个时期停止使用沿袭了数百年的拉丁语，转而开始讲意大利语，这一改变令作者困惑不已。究竟是什么导致了语言的变化？意大利人怎样完成了从拉丁语到意大利语的过渡？

现在，我们对此现象已经释然，不再感到迷惑不解。言语在不停地变化，正如现代英语来源于古英语，使用了近一千年的意大利语也是由两千至两千五百年前的拉丁语演变而来。语言在其发展过程中通常没有明显的转折点，新旧说话方式并不是在某一确定的时刻产生了更替。

拉丁语在发生变化的同时，也逐渐产生了分裂。起初它只不过是一个以罗马为中心的小国所使用的语言，但是由于罗马统治阶级好战且善战，到大约两千年前，他们建立了一个庞大的帝国，其西部边界不仅包括意大利，还囊括了现在的法国、西班牙和葡萄牙。在上述区域内，拉丁语逐渐取代了其他语言传播开来。在接下来的五百年中，拉丁语在不同地区形成不同的方言，如在南美洲和在中美洲使用的西班牙语。由于人们生活在不同地区，相互之间的接触越来越少，他们所操的拉丁语便朝着不同的方向发展。五百年前的同一种语言就这样分解为无

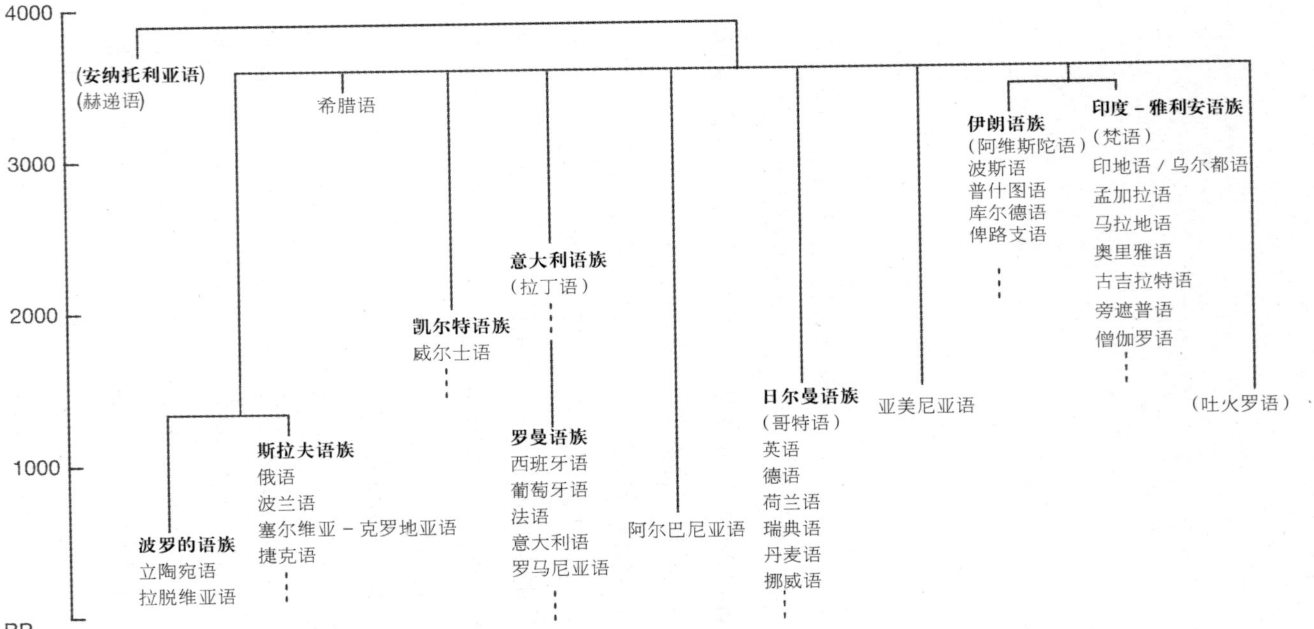

图8 印欧语系的主要分支。包含某些语言的分支名称用粗体标出，括号中的名称表示该语言或语言分支已经消失或更名。印度－雅利安语族和伊朗语族合起来形成一个较大的分支，称作“印度－伊朗语族”；另一较大分支“波罗的－斯拉夫语族”现今仍存在争议，安纳托利亚语与其他各种语言的关系也不明朗。左栏数字表示每个语言分支出现的最早时间（据可信资料）。

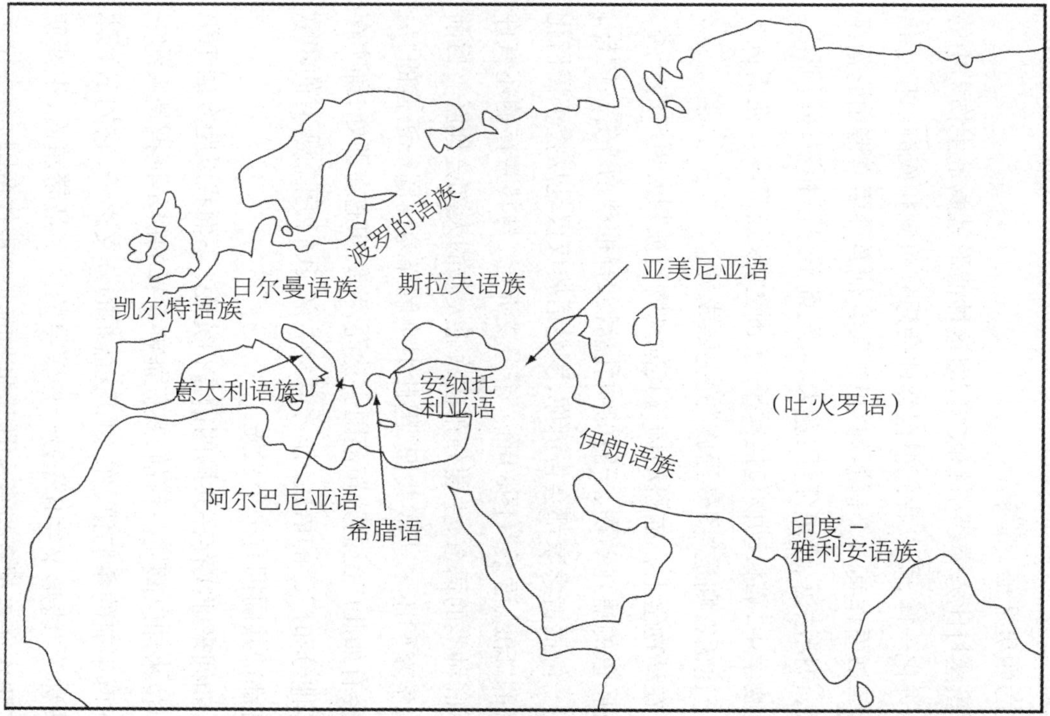

地图3 印欧语系的历史分布图。已不再使用的语言分支(图8)仍用括号标出。

数种迥然不同的语言。其中意大利中北部托斯卡纳地区的人群所操的语言发展为意大利语，另一种巴黎地区的语言演变为现代法语，还有一种在西班牙北部卡斯帝尔地区所使用的语言发展成为西班牙语，等等。

虽然打比方容易引起歧义，但这种情形就像是生物学中的物种进化一样，所以我们很自然地会想到祖先和族群。拉丁语俨然可被看作某一个语族的“祖先”，其他各种语言皆由它衍生而来，包括法语、西班牙语、意大利语、葡萄牙语和罗马尼亚语。在动物学中，猫科动物包括狮子、美洲豹、家猫等等。在语言学中，上述语言则是“罗曼语族”的主要成员。

在动物学上，猫科动物与其他动物可被归入更广的一类，如有胎盘的哺乳动物、一般的哺乳动物、脊椎动物等等。同样，任何一位语言学家都会告诉你，罗曼语族仅仅是从拉丁语衍化而来的“印欧语系”(图8)的一个分支而已，与其并存的还有许多不同种类的语言，主要分布在欧亚大陆的大部分地区。目前史前学家们还未达成共识，因此很难解释为何同一语言的“后代”会有如此广泛的分布范围。然而，我们知道在别处，确实存在其他分布广泛的语族。作为语言学家，我们确信，所有的印欧语言都曾共同拥有一个祖先。

如何来证实存在共同的语言祖先呢？下面我以距今的年份为单位来加以阐述。目前，我们能够掌握的最早证据是大约三千五百年前的希腊语，作为印欧语系的分支之一，它的书写体系被称为“线形文字B”；另一种较早的文字是赫递语，主要使用者集中在首都在当今土耳其北部的一个古代帝国。有关拉丁语的最早证据出现在距今两千至两千五百年之间；梵语是印度北部的一种古语言，一种口头的梵语诗歌可以追溯到三千年前。然而，没有任何直接证据能够证明上述语言共有一个祖先。直到距今五千年多一点，书面语才开始出现，最早的证据是苏美尔语的书面语，它的发现地在现在的伊拉克的南部，但这一地区现在并不在这一语族当中。即使是最早的语言形式，它们之间的相似程度仍比不上现在的西班牙语和意大利语之间的

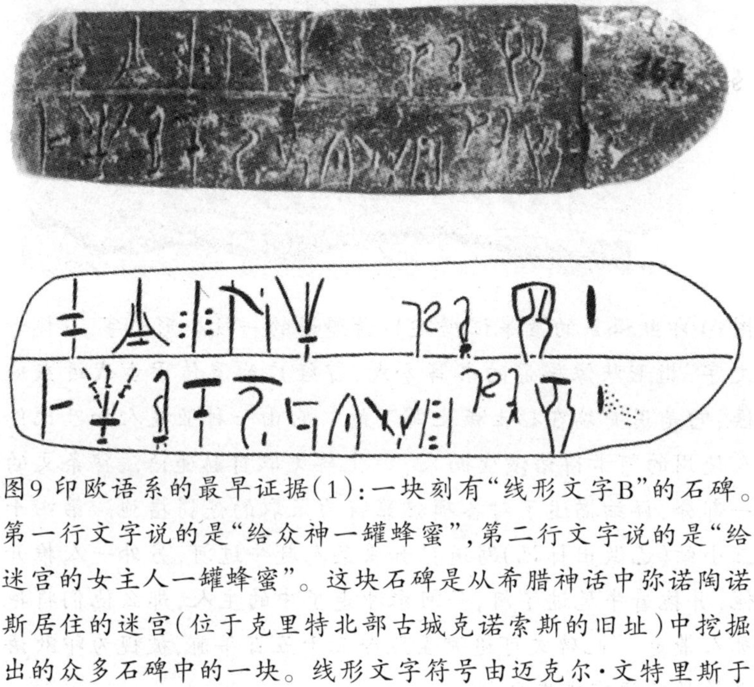

图9 印欧语系的最早证据(1)：一块刻有“线形文字B”的石碑。第一行文字说的是“给众神一罐蜂蜜”，第二行文字说的是“给迷宫的女主人一罐蜂蜜”。这块石碑是从希腊神话中弥诺陶诺斯居住的迷宫(位于克里特北部古城克诺索斯的旧址)中挖掘出的众多石碑中的一块。线形文字符号由迈克尔·文特里斯于20世纪50年代运用二战期间学到的解密技巧进行了成功的破解。该语言的拼写以音节为单位，如*pa-si*(第一行最前面的两个符号)表示“给所有的”，*me-ri*(在两行中表示双耳储藏罐的图画之前)表示“蜂蜜”。音节文字既有别于字母文字(一种元音和辅音分开的语言)，又不同于每个单位都有单独意义的文字，如汉语。目前，日语可被看作音节文字的代表，它由“平假名”和“片假名”组成。

§43

图10 印欧语系的最早证据(2):赫递语的一段楔形文字。"楔形文字"指形状像楔形的书写方式,曾经广为流传于古代近东地区,它是用尖端在黏土板上写下的。它由一种亚述人和巴比伦人使用的阿卡得语演变而来。以上碑文取自赫递语法律条文的一部分,详细描述了对各项犯罪行为采取的惩罚措施。第四十三小结(已做出标记)写道:"如果某人赶牛过河,另外一人推开他,并拖着牛尾过了河,而河水冲走了牛的主人,那么他们将把那人带走。"此碑文可追溯至距今三千五百年前,被视为印欧语系最早的语言文本之一。

相似程度。那么,究竟是什么使我们确信在史前各种语言之间存在着某种联系呢?

证据是什么

我们可以通过"对比"法来寻找答案,即在不同语言之间进行逐项比较分析,若呈现出多个对应点,则说明它们享有共同的祖先，否则则很难做出合理的解释。问题在于什么样的证据才能令人信服呢？

下面我们集中比较下列方框中表示相同意思的两个词组，它们分属于印欧语系中两种不同的语言。希腊语词组取自荷马的一部三千年前的叙事史诗《伊里亚特》，讲述的是英雄阿基里斯所面临的艰难抉择。如选择参战，他将以生命为代价而获得“不朽的名誉”（imperishable fame）；若选择退出，他可以安全返乡，却会丧失一切“高贵的名誉”（noble fame）。他是英雄，所以他最终选择了参战。梵语词组取自同样是三千年前的一本宗教诗歌集《梨俱吠陀》。许多学者认为，这两组词组不仅来源于同一种祖先语言，甚至来源于同一种诗歌体系。虽然各只有两个单词，但是人们通过比较发现，两者之间存在诸多对应点。

印欧语系两种不同语言中的对应词组

古希腊语：	kléos	áp^{h}t^{h}iton
梵语：	ʃrávah	ákṣitam
	fame-NOM/ACC.SG	NEG-**perishable**-NEUT.NOM/ACC.SG

“imperishable fame”

两个词组均根据国际音标进行了转写。上标“h”将“送气”辅音（“p^{h}”、“t^{h}”、“k^{h}”）与“不送气”辅音（p、t、k）做出区分；*ákṣitam*中的ṣ发类似“s”的音，只是舌尖向后弯曲靠近上腭。重音符号表示该处音高变高。第三行的标注将在正文中进一步解释。

先看语法：两种语言均区分语法中的“性”，表示“fame”的单词以及与之类似的单词被划分为“阳性”、“阴性”或“中性”（德语中有该种划分方法）。希腊语*kléos*和梵语*ʃrávah*均属中性词。另外，希腊语和梵语都对语法中的“格”做出区分（如德语和俄语也一样）。例如，在希腊语中，如果表示某人做了某事，“人”应为单词*ánt^{h}ro:pos*，尾字母*-s*说明该词为“主格”（NOM）和“单数”（SG），仅指一个人。如果表示其他人对某人做了某事，“人”则为单词*ánt^{h}ro:pon*，尾字母*-n*表明该词为“宾格”和“单数”（ACC.SG）。

下面来看表示“imperishable”的两个单词。按照语法规则，它们应与“fame”保持“一致”，同为中性词，均被标注为“NEUT”，而且为同格。另外，还有一处相同点：希腊语中表示“人”的词为阳性，并在尾字母*-s*和*-n*上做出区分，分别被标注为“NOM.SG”和“ACC.SG”。然而，中性词的“主格”和“宾格”并不做区分，因此“fame”和“imperishable”都被标作“NOM/ACC”。上述规则也同样适用于梵语。还有，在上述两种语言中，许多中性单数的“主格/宾格”与阳性宾格的尾字母相同。所以，在希腊语中，表示“imperishable”的单词*áp^{h}t^{h}ito-**n***与*ánt^{h}ro:po-**n***一样，也是以*-n*结尾。同样，在梵语中，*ákṣita-**m***和*su:nú-**m***（“son-ACC.SG”）的尾字母都是*-m*。

以上相似点至少从某种程度上能够证明两种语言共有同一祖先。接下来，我们能够找出更多*-n*和*-m*相匹配的例子。希腊语中的*kunô:n*（“of dogs”）是“所有格”，以所有格复数*-o:**n***结尾。梵语中对应的词是*ʃúna:m*，同样是所有格复数，表示“of dogs”，结尾是*-a:**m***。两词的不同之处体现在具体的元音和辅音：希腊语中是*-n*，梵语中是*-m*；希腊语中是*-**o**:n*，其中*o*为长音（国际音标用“:”表示），梵语中是***-a:****m*，其中*a*是长音。

另一明显的对应点体现在表示“imperishable”的两词的开头部分。两者均含否定意义，字面意思是“non-perishable”。两词都应被标注成“NEG”，两种语言中的类似单词都以*a*-开头。然而，希腊语和梵语也存在多处不同点。某种语言的普通形式很可能对应于另一语言的特殊形式。如希腊语的普通词尾*-o*:出现在单词*ékʰ*-***o:***（“I have”）或*leíp*-***o***:（“I am leaving”）中；梵语中的对应形式却是词尾*-mi*，如*ás****mi***，而在希腊语中*-mi*又可作为特例出现在一小部分单词中，如*ei****mí***（“I am”）。

以上两种语言分属两个历史不同的国家，且相隔数千里，为何能在它们之间发现众多对应点呢？可以想象出西方人首次接触梵语时是何等激动！正如法语和西班牙语共有一个语言源头——拉丁语一样，于是人们做出一个大胆的猜测：希腊语和梵语在史前也共享着同一语言“祖先”。

如果以上猜测成立的话，希腊语中出现在不同词类末尾的*-mi*很可能与梵语词尾*-mi*源于同一“祖先”词尾。但是，这种判断在多大程度上是正确的呢？上述对应点是否纯属偶然呢？是否可能存在其他解释呢？

最后一个问题并非反问句。我们知道，当操两种不同语言的人长期频繁地接触时，不管是语法还是单词都会变得越来越接近于对方。那么，是否有可能希腊语和梵语根本没有共同的祖先，而只是在史前某个时期，操这两种不同语言的人相邻而居呢？以上猜测是否可用来解释为什么某种语言中的不规则形式却能在另一语言中发现对应点呢？

重建

要排除这一猜测，我们必须在仔细推敲所有证据的基础上,按照一定的思维逻辑,创建出一种详细、全面、前后一致的学说。这一学说的说服力将是最强的。

例如,我们认为希腊语中的*-n*(在*ápʰtʰito-n*中)与梵语中的*-m*(在*ákṣita-m*中)同源。这可能是因为这个源头本身像*-n*,或像*-m*,或与这两者都不太像。这是一个具体的假设,涉及"重建"史前存在的某个假想的实体，而不仅仅只是一个语音单位,或是表示"宾格"和中性"主格/宾格"单数的语法尾词。若前置元音也相关的话，它们必是共有一个特定的史前来源:*ápʰtʰit**o**n*,*ákṣit**a**m*。因此,若整个单词相关的话,那么首字母*a*-后的辅音也是对应的:*á**p**ʰ**t**ʰiton*,*á**kṣ**itam*。

照此逻辑推断,"对应点"不一定仅仅产生于相似的形式之间。表示"imperishable"的两个单词碰巧存在一些相似点:音节数目和结构相同,重音(高音)位置相同,某些元音和辅音发音类似,比如两词中的*i*和*t*。至于曾经表示"fame"的两个单词——*kléwos*和*ʃráwas*,则有充分的证据显示两者存在部分相似。理论上说,个别形式的相似既非充分条件也非必要条件。随着语言的变化,元音和辅音、音节和重音等等也随之改变。我们重建的形式或许会经历较大的改变,但它们创建的形式可以随着进一步的假设得到令人满意的解释。

下面让我们来比较表示"fame"的两个单词中的元音:希腊语中有一个*e*(*kl**é**os*),而梵语中是*a*(*ʃr**á**vah*)。除此之外,还有许多其他单词看似相关,如希腊语中的***e**stí*和梵语中的***á**sti*均表示"(he, she, it)is"。另外,希腊语中有一个*o*(*kléo**s***),而梵语中有另一个*a*（*ʃrávah*），且表示“imperishable”的两词中存在同样的现象（*ápʰtʰiton*，*ákṣitam*）。希腊词*éleipon*（“I was leaving”）以*-on*结尾（*éleip-on*），对应于梵语词尾***-am***，这与我们的料想吻合。基于此，我们不妨提出一个更加具体的假设：共同语言“祖先”中存在两种不同元音，分别为*e*类元音与*o*类元音。在希腊语中两者是分开的，而在梵语中则合二为一成*a*。

另外，*ápʰtʰiton*和*ákṣitam*中的辅音*t*的发音相似。更重要的是，这一对应点是一种普遍现象。如希腊语中表示“(he, she, it)is”的*estí*和梵语中的*ásti*。相反，希腊语表示“fame”的词***k**léos*中的*k*不同于梵语***ʃ**rávah*中的*ʃ*。而在表示“dog”的两个单词——希腊语***k**unô:n*和梵语***ʃ**úna:m*中，却存在同样的对应点。另一个在印欧语系研究中常被提及的例子是表示“hundred”的两个单词——希腊语中的*he**k**atón*和梵语中的***ʃ**atám*。如果上述对应点还不够显著，那么可以参看下例：表示“to sing”时，意大利语***c**antare*的首字母辅音发作[k]，对应于法语***ch**anter*中的首字母发音[ʃ]。我们还能找出更多的规则，如梵语中的*r*（*ʃrávah*）对应于希腊语（以及其他语言分支中的语言）中的*l*。这里的辅音原来可能是*l*类的。

综上所述，我们似乎很难就两种语言之间的对应点得出某个定论。除了表示“(im)perish(able)”的这一组单词，我们还能发现许多梵语单词中的*kṣ*对应于希腊语中的*pʰtʰ*。然而，对于这些语言现象背后的本质我们却不甚了了，如为什么希腊语中表示“hundred”的单词***he**katón*是以*he*-开头呢？问题不在于我们创建的理论是否能够解释一切现象。常识告诉我们这是永远不可能做到的。问题在于其他基于不存在共同祖先的假设，是否更加难以令人信服。

类似的发现对史前历史学家来说非常有趣。虽然语言学家不能确信为何印欧语系的覆盖范围如此之广,但他们坚信存在一个共同的语言祖先,问题在于如何从考古学中获取相关的证据。考古学家往往能够根据某些实物,如在山洞中发现的古人使用的盆罐或刀剑,将之与某种史前文化联系起来。由此我们不禁要问:语言学家是否也需关注这些细节。如果我们无法找到不同语言之间非常显著的相似点,还能下结论说它们共有一个祖先吗?

相反,我们必须理解,这是一个非常严肃却迷人的研究领域,因为任何结论都要建立在无数的细节之上。虽然某些表面惊人的相似点会引起误导,但我们可以将其放在更宽泛的视阈中加以阐释。

以拉丁语中表示“to have”的单词***habeo***(词典上的词条就是这么写的)为例:***hab-***类似于英语中的[hav](*have*),并与德语中表示“to have”的单词***haben***中的***hab-***完全相同。乍一看,这不过是某种有意义的对应点而已,但这种从形式到意义的相似点可以表明它们来源于同一种语言。

事实上,我们很清楚事实并非如此。上述三种语言同属印欧语系,其中英语和德语属于“日耳曼语族”(图8)。众所周知,近两百年来日耳曼语族与拉丁语及其他语言分支比较而言,在辅音方面存在较大的差异。日耳曼语族中的***h***相当于拉丁语中的*c*(发作[k])。试比较下面几组词:德语中的***hundert***,拉丁语中的***centum***(“百”);德语中的***Hund***,拉丁语中的***canis***(“狗”);德语中的***Hals***,拉丁语中的***collum***(“脖子”);德语中的***Hure***(“妓女"),拉丁语中的*carus*("亲爱的")(两词都有"爱"的意思)。以上的对应点不过是两种语言之间的一小部分而已,有时相同的字母却表示截然不同的意思,如*habeo*和*haben*中的*b*。通过比较拉丁语中的*cap-*(词典里有词条*capio*,意思是"抓住")与德语中的*hab-*,我们不难发现:虽然我们相信它们同源,但不论是辅音还是意义都相去甚远。同样,与拉丁语中的*hab-*同源的德语中的*geb-en*("给")及英语中的*give*也是如此。

上述词例提醒我们:切不可根据零散的几个对应点就妄下断论;对历史追溯得越深,揭示出事实真相的希望则越渺茫。

之所以这样,原因仍可归结于语言的发展变化。语言的语法结构在变:英语和意大利语中已不复存在与所有格复数有关的词尾,而梵语和希腊语中的中性"主格/宾格"词尾也已消失。另外,语言的词汇也在变:旧词不断被新词取代,词汇的原有意义逐渐消亡或转移。正因为此,要想勾勒出语族的关系图就变得很难。我们虽然可以隐约感到它的存在,但却无法准确地描述出来。一种语言的*a*形式酷似另一种语言的*b*形式,而它的*c*形式又类似第三种语言的*d*形式。所有这一切都不足以为重建一张完整、连贯而详尽的语族图提供足够的证据。对于任何语言对比之间呈现出的相似点,我们都不得不保留自己的解释:它们之所以相似,可能是偶然因素为之,也可能反映出操不同语言的人群在史前的某段时期有过接触,或者两种可能兼而有之。

何时下断语,何时做推测,这取决于我们的判断。某些做推测的专家认为前景看好。无论如何,我们应对得出的结论负责。作为语言学家,我们没有动物学家的化石(比书面语更加古老),抑或考古学家的盆罐、刀剑(最多不过是坏了或生锈了,但却是那一时期的真实记录),我们能够依赖的证据只有语言分离后，根据历史推断出的各种形式而已。

很明显，语言学家们为重建做出了不懈的努力。最后，让我们再回到影响日耳曼语族辅音的一些变化吧。其中之一是德语中的*h*和拉丁语中的*c*之间的对应。另一点可以从梵语与日耳曼语族表示“兄弟”的单词中看出，如梵语中的***bṛá:tar-***（这也是用国际音标表示的）和哥特语中的***broθar***。哥特语（对于语言学家来说）是日耳曼语族的最早形式，主要见于基督教《圣经》的早期译本。以上对比给印欧语系专家带来一个问题：梵语表示“父亲”的单词***pitár-***中包含辅音*t*，而在日耳曼语族中，“兄弟”和“父亲”却演变为两个不同的辅音：***broθar***中的*θ*和*fadard*中的*d*。经过多年的变化，现代德语中***Bruder***和***Vater***两词的辅音仍然不同。这一现象背后到底隐藏了什么呢？

上述问题的答案于19世纪70年代被丹麦学者卡尔·维纳找出来了。据说，某个下午，他感到身体不适，于是准备睡一觉，睡前随便对比了印欧语系中诸语言的语法规则，竟然找到了答案。表示“父亲”和“兄弟”的两个梵语单词引起他的注意，因为两者都被印成了黑体。第一个词***pitár-***的重音在第二个音节，而另一个词***bṛá:tar-***的重音却在第一个音节。是否与此有关呢？他在彻底检查所有证据后，得出结论：这正是关键所在。日尔曼语族没有留下明显的印欧语系的重音痕迹，这一点可从梵语和希腊语中清楚地看出。我们不妨假设：这种重音在日尔曼语族的某个史前时期曾经存在过，但后来随着辅音发生了变化，最终又消失了。刊登此文的杂志编辑在给维纳的信中说，他给黑暗中摸索的人们带来了一线光明。也许这听起来有点夸张，但如果对印欧语系诸语言间存在相互联系表示怀疑的话，史前变化的重建则可以让你消除这个疑虑。

第五章
语言的多样性

1492年，克里斯托弗·哥伦布率先踏上西印度群岛，给生活在新大陆的人们及其使用的语言带来了一连串的灾难。

很快，其他国家接踵而来。1500年，葡萄牙宣布巴西归其所有，并于三十一年后任命了一位葡萄牙总督。1519年，埃尔兰多·科尔特斯开始了西班牙对中美洲的统治；1533年，弗朗西斯科·皮扎罗推翻安第斯山脉地区的印加帝国；1607年，约翰·史密斯于北美弗吉尼亚州詹姆斯镇成功地建立起第一个英国殖民地；1608年，萨缪尔·德·尚普兰在魁北克建立起法国殖民地。将近两百年后，英国于1788年开始统治澳大利亚。上述区域的绝大多数人与北美洲居民一样讲英语，而在美洲的其他地区，目前有一亿多人讲西班牙语或葡萄牙语。

旧大陆的大部分地区仍以印欧语系的其他分支以及其他语系的语言为主。讲阿拉伯语、印地语和乌尔都语、孟加拉语、汉语的标准形式（普通话）和日语的人数都超过了一亿。操其他语言，如泰米尔语、越南语和爪哇语的人口也达到了几千万。对人类所用语言的调查统计表明，全球可被分为两大部分。一部分涵盖旧大陆的大洲及其邻近岛屿，当地语言及语族基本上维持着五百年前的模样。在撒哈拉沙漠以南的非洲大陆，虽然英语和法语广为传播，许多地方语言逐渐消失，但大部分当地人仍会讲一种或多种地方语言。另一部分包括其他三个大洲，这三个大洲的土著语言已被源自西欧的语言所取代。目前保存的几种方言在当地都很重要，如瓜拉尼语和西班牙语均为巴拉圭的官方语言，此外还有几百万人仍在使用印加人的盖丘亚语。即使多数人（他们不是专业的语言学家）并未意识到，但仍有不少土著语言得以保存下来。然而，许多土著语言即将消亡，因为年轻一代已不再学着说了。

所有的语言对语言学家来说都弥足珍贵。为大部分人所熟知的语言通常被看作有偏样本，它们源自欧洲或旧大陆的其他区域。它越是有偏差，人们越是倾向于认为在任何地区使用的语言都与其结构相似。

从某个层面来讲，语言确实存在相似性。人种可能于距今五万年前最初传播到澳大利亚，约三万年前传播至北美和南美。这些人从留守人群中分离出来，他们使用的语言也单独发展了几万年，直至欧洲人的入侵。我们想要在这些语言和旧大陆的其他任何语言之间找出某种差异，这种差异大体上可以通过各种言语形式在很长一段时间里经历的变化来解释，可是我们没有找到。原则上，任何一群人都可能会讲任何一种语言。同样从语言来讲，现代人所属的人种就是智人。

从另一层面来说，许多语言的演变过程在西方人眼里是怪异的。当然，以上论断完全是相对的。如果人类历史可以改变的话，操美洲语言纳瓦霍语或佐齐尔语的语言学家很可能会对英语（只有大不列颠某个偏远地区的少数几位老人还会讲）的怪异特征着迷呢。任何语言的任何特征，相对于缺乏同样特征的另一种语言而言，都可能是“怪异的”。

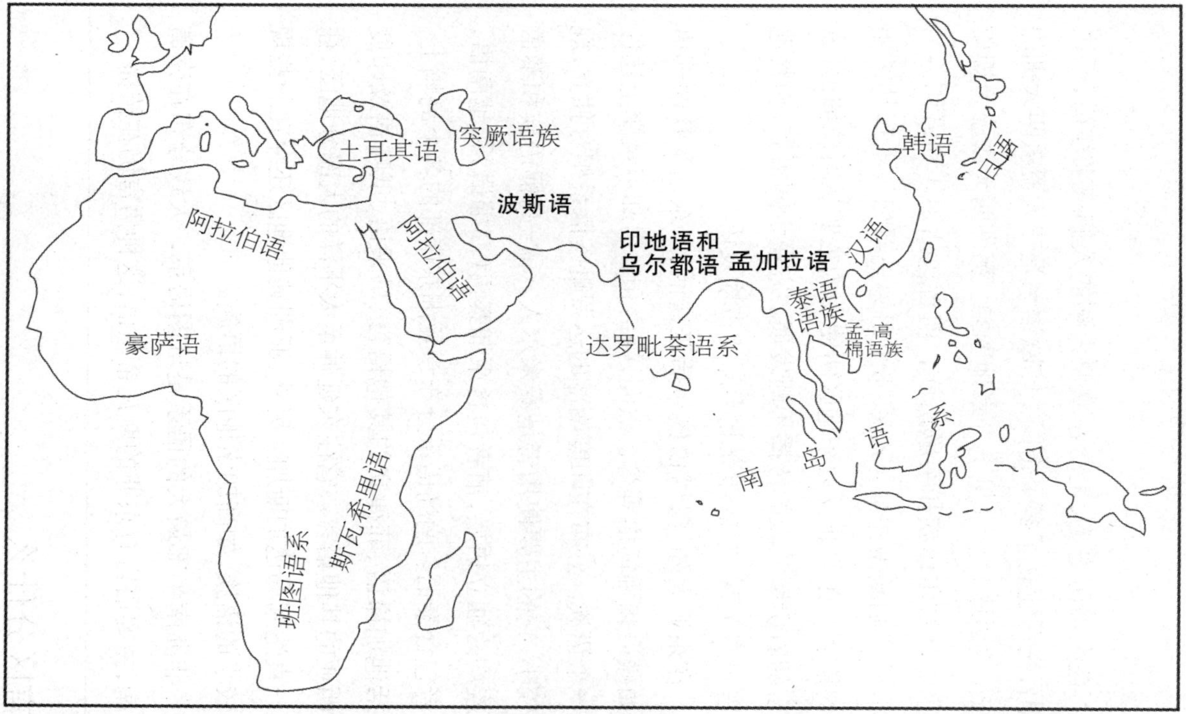

地图4 亚洲的主要语言及语族。黑体表示该语言属于印欧语系。南岛语系的范围尤其广阔。

旧大陆的主要语族

在人类历史上,生活在欧亚大陆的人们来来往往,迁进迁出,先后建立了多个帝国。印欧语系是三大覆盖两大洲的语系(或语族)之一(见上一章地图3)。另外两大语族为规模较小的乌拉尔语族和突厥语族，前者包括匈牙利语和芬兰语，后者则涵盖在前苏联南部使用的一系列与土耳其语相关的语言。在北非及近东地区所使用的主要是阿拉伯语,该语言随着伊斯兰教的传播不断发展。它属于闪语族,与其他语言也有关联,包括非洲北半部的古埃及语。

在东亚大陆,汉语语族包括普通话、广东话及其西部语言如藏语和缅甸语等等。然而,韩语和日语却不隶属上述任何一个语族。分布在印度南部的达罗毗荼语系相对独立,规模较小,它的主要使用者是泰米尔人。孟-高棉语族和泰语语族均为独立语族,前者包含柬埔寨语(高棉语)和越南语,后者包含泰语。南岛语系分布于亚洲东南部的各个岛屿上,包括他加禄语、菲律宾的其他语言、马来语、爪哇语及印度尼西亚的其他语言。它往东延伸至太平洋的大部分地区,往西一直达到马达加斯加。另外,亚洲其他地区还存在一些规模较小的语族,如高加索地区的语族。

非洲南半部最大的语系是班图语系，大致分布在赤道以南,主要语言有东非的斯瓦希里语,这种语言仍在传播。

语言区分什么

英语的特征之一是单复数之间的语法差异。单词*boy*（单数)和*woman*(单数)均用来指某个人:一个男孩和一个妇女,而单词*boys*(复数)和*women*(复数)则指两个或更多的人。欧洲其他语言中存在类似区别，如在西班牙语中,*la mujer* 指一个妇女，而*las mujeres*指许多妇女；法语中对应的说法分别是*la femme*([la fam])和*les femmes*([le fam]);等等。

然而,人类大脑能够做出的区分远不止于此。为什么在上述“非怪异的”语言的语法中,单复数间的区别与其他区别相比,显得尤为突出呢?

下面以句子*I have picked some flowers*为例来加以阐述。很清楚,这句话表明我摘了至少两朵花,因为*flowers*是复数形式。这些花也可能分属至少两种不同的种类:一些唐菖蒲,一些大丽花,或是一些百合花等等,也可能只有一种:全是唐菖蒲或全是百合花。以上区别显而易见,但在英语中*some flowers*可被用来表述以上任何一种情形。为什么操英语或类似语言的人必须在“一个”和“多个”之间做出区分,而不必对“一种”和“多种”加以区别呢?

这个问题乍一看有点奇怪,因为“一个”和“多个”间的区别当然更加重要。但是,为什么“理所当然”呢?它们是否更明显、更能满足相互之间交流的需要呢?抑或仅仅是因为我们所操的语言碰巧将它们做出区分呢?

可是,有些语言对此并不做区分,如汉语中通常用同一个词表示单数和复数。其他一些语言,包括美国和加拿大某些地区的语言则具有一种被语言学家称为“分离性”的语法成分,即对同一种类所包含的各成员做出区分。如,“flower-DIST”表示两种或两种以上不同种类的花，若指同一种花，则去掉词尾“DIST”。“fish-DIST”(“不同种类的鱼”)有别于“fish”(“一条或多条同一种类的鱼”)。请注意,不同种类的事物至少有两个,而同一种类的事物可能只有一个。在此情形下,“一个”与“多于一个”的区别显得不是那么重要,处于次要位置。

另一客观区别在于看得见的事物与看不见的事物之间。说话者提及花时,它可能位于人们的视线之中,或在视线之外。不管是哪种情形,英语中都可用*some flowers* 来表示。然而,沿英属哥伦比亚海岸居住、说瓦卡希语组的人却把上述区别归入语法范畴。英语中*this flower*(单数)和*these flowers*(复数)有别于*that flower*和*those flowers*。这一区别在瓦卡希语组的语法中变得更复杂、更有强制性。大致对应于*this*的单词指“与说话人靠近或相关的”且“能看得见的”。另一个意思是指“与听话人靠近或相关的”并且“能看得见的”。它们有别于添加了其他成分的对应形式,这些形式表示“看不见的”。同样,对应于英语中*that*的单词表示“那边我们看见的某物”,不同于“那边我们看不见的某物”。显然,两者的主要区别在于可见性,以及与“我”或“你”的联系。因此,在“一个”与“多于一个”之间已经没有必要做出区分了。

上述例子最初在约一百年前被美国人类学家弗朗兹·博厄斯引用过。要从人类大体知道但并不特别在意的语言中找出类似的例子似乎并不很难。因此,以上特征常被视为“怪异的”或边缘的,但实际上,它们并非“不重要的”。

图11中有一位吊着吊带的年轻妇女。很可能是因为摔断了胳膊,她才吊了吊带。我们可以用下面这句话来表达上述意思:*She has broken her right arm*。然而,她是否真的摔断了胳膊呢?假设在现实生活中遇见她, 你只能确信她的脖子上吊了吊带,其他不过是猜测而已,真假难辨。

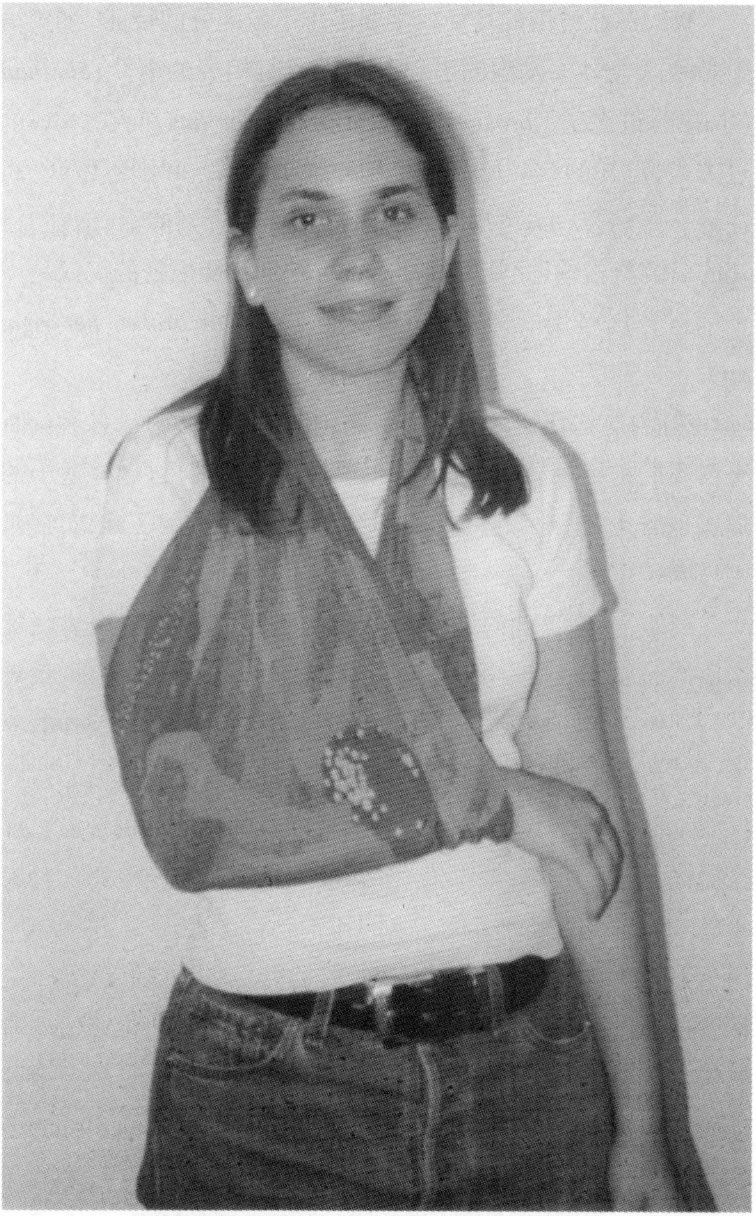

图11 一位吊着吊带的年轻妇女。她的胳膊究竟是否摔断了呢？

我们在此讨论的是多数主要语言不做区分的特征。如英语中必须区分过去发生的事件和与说话时相关的事件：***She had***（"have的过去式"）***broken her right arm***和***She has***，而在"have的过去式，已知的"与"have的过去式，假设的"之间则不做区分。在另一些场合，***has***可用来表示重复从别处听到的话，但在"已知的"和"报告的"之间则同样不做区别。即使报告的仅仅是一个谣言，仍可用同样的句子来表达：*She has broken her right arm*。

然而，有些语言对类似的现象则做出明确区分。各种论断来自不同的证据，因此说话者可根据具体的情形，选择适当的形式来表达"据素"的意义，而英语语法对此不做区分，实在是太马虎了！

例如，在南美洲的巴西和哥伦比亚交界处，有一个讲吐优卡语的民族。该语言区分五种"据素"（见下页的方框）：说话者必须在做出判断前，搞清楚他是亲眼所见，还是耳有所闻，等等。若为亲眼所见，则用第一种据素形式，即"亲眼所见的"；若仅仅是听说某件事，则用第四种形式，即"间接的"。说话者也许会撒谎，但任何一句话都需有"据素"，因而没有一个完全对应于*She has broken her right arm*的句子。

下面将上述例句与其他几种可能做一比较。在英语中，说话者描述自己身体状况的句子*I have a headache*与讲述他人情况的句子具有相似的结构，如*She has a headache*或*They have their hats on*。当然，虽然这三句话意思不同，但*I have*、*She has*和*They have*之间的区别显然差不多。而在吐优卡语中，后两句都可用来表述说话者的所闻，据素形式应为第四种——"间接的"。句子*They have their hats on*也可表示某个说话者亲眼所见的事实，属于第一种据素——“亲眼所见的”。然而，说话者看不见他们自己或他人的头痛，若是自身的头痛，则能有所察觉，可用吐优卡语中第二种据素——“非亲眼所见的”来表示。他人的头痛虽然无法亲身体验，但可从其面部表情和行为举止上做出推断，相应的据素为第五种——“假定的”。

语言学家一直期望能够在南美洲地区使用的诸语言中发现像这样的一种对于据素的区分。从吐优卡语的角度来看，英语是世界上“缺乏”据素的诸多语言之一，但这并非因为精确的交流不需要据素。之所以如此，不过是各种语言发展历史的不同而已。

吐优卡语中的据素举例

吐优卡语中的据素分为下列五种：(1)“亲眼所见的”，(2)“非亲眼所见的”，(3)“显而易见的”，(4)“间接的”，(5)“假定的”。它们通常以词尾做出区分，同时表明“过去时”和“现在时”以及指代“我”、“你”等等。在下面的第一例中，词尾-wɨ表示“亲眼所见的”和“过去时”，且是“我”在说。

(1) atí-wɨ　　　　wáa-wi

亲眼所见的　　　　亲眼所见的

“我来了”　　　　“他走了”

注意：我们既能看见自己也能看见他人。

(2) mũtúru bɨsí-tɨ　　　　tɨsá-ga

非亲眼所见的　　　　非亲眼所见的

“摩托车发出轰鸣声”　　　　“我喜欢它”

注意：据素“非亲眼所见的”也可用于指代那些本可能

看得见的事物，比如当中间没有墙的阻隔的时候。

（3）bóahõã-yu

显而易见的

“（显而易见）我把它扔了”

（提及找不到的某物）

注意：据素“显而易见的”几乎不用现在时，逻辑上讲应排除与说话者目前相关的陈述。不管亲眼所见还是非亲眼所见，任何人都清楚自己在做什么或在想什么。

（4）pũũyukɨ́ mãnĩ-yíro

间接的

“吊床没了”

（听说商店没货了）

注意：据素“间接的”用于讲故事或传说以及转述刚刚听到的事情。

（5）diɨ́go tii-kú

假定的

“你病了”

（根据某人正在呻吟的事实做出的推断）

注意：据素“假定的”还可用于讲述一个大家公认或按常理可推断出的事实。

（基于珍妮特·巴恩斯20世纪80年代的描述。鼻音化符号（˜）在国际音标中表示“鼻音化的”元音，如法语单词*on*（[ɔ̃]），[ɨ]为介于[i]和[u]之间的元音。）

说话与思维

当不同语言做出不同区分时，操不同语言的人群仍以同样的方式感知周围的世界吗？抑或遵循完全不同的思维模式？

以“集合”为例，它可能只包含一个事物，如一朵花或一条鱼。而英语中的*set*却不是此意，它通常与复数名词连用，这样的词还有许多，如*a set of chairs*、*a group of several women*、*a bunch of these flowers*，等等。这类词不能与单数名词连用，如*a set of a chair*、*a group of one woman*、*a bunch of this flower*。英语必须区分名词单复数，所以不存在这样的词组*a set of chair*，其中的*chair*既可指一张椅子，又可指许多张椅子。人们使用英语进行交流时，必须对一个和多个加以区分。

为了说明集合中有时包含一个事物，我们不妨通过数学符号来进行阐释。如果从含有a、b和c的集合$\{a,b,c\}$中提取包含b和c的集合$\{b,c\}$，那么剩下的集合$\{a\}$只有一个成员a了。对初学者而言，这仍是一个新论断。我们是否能够做出以下推测：在英语环境下长大的人自然而然会将事物分为“一个”和“至少两个”这两个大类？

如果以上猜测成立，那么操不同语言的人群则可能因为各种语言所做区分各异而具有截然不同的思维方式。但是，我们不能仅仅根据所讲的语言来推测人们的思维及感知方式。

例如，下列两句话结构相似：*The colours are nice*和*The curtains are red*。*colours*和*curtains*属于同一类词：复数，具有对应的单数形式（*colour*和*curtain*），与前后单词一致。*nice*和*red*同属于另一类词：既非单数也非复数，但有“比较级”和“最高级”形式（*nicer, nicest; redder, reddest*），都和*are*相连并由此与其他词发生关系。在这一点上，英语与欧洲其他主要语言相似。然而，语法相似的单词意义却不一定相似。如*red*表示实物（*the curtains*）的物理属性，而*nice*则表达了一种主观推断。*the colours*也是指物体的物理属性，而并非物体本身。因此，语言各有其语法特征，也就不足为奇了。表示“好”和“红”的词在不同的语言当中不一定有类似的区分，用法也可能有差异。*The colours are nice*可以被解释为：“颜色很好”或者“色上得很好”。

在英语环境下长大的人是否倾向于把颜色看作实物，或将“好”等同于“红”呢？或是仅仅因为他们已经习惯于这种使用单

图12 桌上的两件物体。它们的相对位置如何？

词的方式呢？上述问题不仅仅针对语言学家，而且值得哲学家和心理学家做出进一步的思考。但作为语言学家，我们至少可以找出一些更明显的例证。

一个非常有趣的例子与空间的相对位置有关。首先，我们可以运用地理坐标来表示位置，如*Beijing is* ***north*** *of Shanghai*或*Chicago is* ***west*** *of New York*。另一种方法是表示内在关系，如英语单词*inside*（*The pen is* ***inside*** *the box*）和*between*（*Mary is* ***between*** *Bill and Andrew*）。第三种在英语中常见的方法是从某个特定视角来看待相互联系。在图12中，从相机的角度讲，两个邻近物体中的一个位于相机和另一物体之间，说英语的人可以这样表述三者间的位置关系：*The glass is* ***in front of*** *the vase*或者*The vase is* ***behind*** *the glass*。如果某人位于相机对面，从他的角度来看，前后关系正好相反。此时，三者关系应为：*The vase is* ***in front of*** *the glass*或者*The glass is* ***behind*** *the vase*。类似的表达法有*to the left of*，其反义词组是*to the right of*。向照片右侧看，玻璃杯在花瓶的左侧；向照片左侧看，玻璃杯则在花瓶的右侧。

英语中有许多类似的表达法，因此人们往往忽视了物体的绝对坐标。拍摄图12的照片时，相机在正南方，所以花瓶在北边。如果在现场，你可能会意识到这一点；如果有人问起的时候，或许你还能说花瓶更靠近市中心。但以上两种表述对花瓶和玻璃杯之间的位置关系并没有任何影响，真正起作用的是观看角度。

下面将英语与主要分布在墨西哥东南端的恰帕斯州的佐齐尔语做一比较。据斯蒂芬·莱文森的描述，佐齐尔语中也有许多类似于英语中的*inside*和*between*的词，这些词被人们用来表示物体的内在关系。但却没有像*left*和*right*，*in front of*和*behind*这样的表达法来表示主观坐标。相反，人们所关注的是绝对坐标，而这却是操英语者常常忽视的（见图12）。

莱文森重点探讨了一种从南部陡峭山区延伸至北部山谷的方言。假设某人看见某物在另一物的南面，两者可能都不在我们描述的范围之内，比如说，它们处于另一平原之上。然而，它们的位置相对于山坡而言，一个会被简单地称为是"上坡"，而在北面的一个则是"下坡"。其他处于"上坡"或"下坡"的物体相对于同一坐标而言是"横断"。对于操此种语言的人群来说，他们必定对这种定位方式特别敏感。例如，莱文森指出，操佐齐尔语的人即使被领进一个一百英里外、陌生且没有窗户的混凝土小屋，他们仍能准确无误地判断出所处的位置。之所以可以做到这一点，是因为他们谈论物体空间位置的方式迫使他们做出精确计算，而操另一种语言，如英语的人群则不具备此能力。

以上姑且看作是语言学家对此现象做出的解释吧。不管怎样，我们清楚地知道，人类使用的语言五花八门，千变万化，以其独特的内容和多种形式诠释着人们眼中的世界。正因为如此，我们才能够多角度、多方位、多层次地思考问题。

第六章

语言是什么

前面几章主要讨论了语言的多样性、语言的演变过程以及由某一语言派生出的多种语言的语族。然而，语言究竟是什么呢？

作为局内人，我们通常会想当然。例如，我们都知道英语是一种语言，而法语或阿拉伯语则是另一种语言。再比如，我们说乔叟的《坎特伯雷故事集》用英语写成，《可兰经》用阿拉伯语写成，而11世纪末的《罗兰之歌》则是用法语写成的。奇怪的是，说现代法语的人如果在大街上遇见了《罗兰之歌》的作者，两人将无法交流。我们还知道，不同地区（如格拉斯哥和牙买加）所讲的英语各不相同；摩洛哥或阿尔及利亚的阿拉伯语不同于埃及或伊拉克的；加拿大拍摄的法语影片在法国可能需要附上对白字幕才能让人看懂。那么，变化如此之大的“语言”到底是什么呢？

显然，它们是某种抽象的存在。比如，没有一种单独的言语或书面语形式可被称为“英语”，相反，它有多种变体：乔叟英语、莎士比亚英语、牙买加英语（或整个西印度群岛的英语）、南非英语、澳大利亚英语等等。那么，英语本身究竟是什么呢？

语言和方言

下列引言揭示出一个真理:没有任何两个人使用的语言完全相同。随着时间的流逝,某种语言逐渐派生出多种不同的方言,如意大利语和法语就由拉丁语的方言发展而来。除此之外,还有许多被语言学家称为“方言”的言语形式。它们是否真的不同呢?

现实生活中的语言因人而异,因此我们应一一加以区分。

(赫尔曼·保罗,1880)

语言学家常常被问及这样一个问题:世界上到底有多少种语言?答案是五千到六千种左右,肯定不超过一万种。然而,任何一个答案都不可完全相信,因为在某个地区被视为不同的“语言”的很可能在另一地区却被看作是同一语言的不同“方言”而已。

意大利语言学家朱利奥·莱普斯基讲述了一个与此有关的故事。一天,在家乡威尼斯避雨时,他听到身旁两个女孩在交谈,却听不出她们使用的是何种语言。他能确信她们使用的不是他所熟悉的任何一种属于罗曼语族、日尔曼语族或斯拉夫语族的语言;甚至不像是印欧语系的语言。于是,他决定问个究竟。既然身处意大利,他便用意大利语问她们。女孩们感到非常惊讶,但随即用意大利语回答说这是她们家乡罗塞托——亚得里亚海岸中部的一座小城的“方言”。该言语形式和分布于意大利的其他多种言语形式,以及法语、西班牙语和意大利语均起源于一千年前的拉丁语的变体。对于研究罗曼语族的专家来说，它仅仅是一种“方言”而已，但作为意大利威尼斯人的莱普斯基却一个字也听不懂。

为什么它不能被看作一种单独的语言呢？简单说来，就是因为意大利人认为它不是。进一步说，原因在于他们的文化历史，尤其是意大利语作为一种书面语言的地位。“没有文学作品的语言不是语言。”以上是16世纪的学者彼得罗·本博对语言的定义。但是上述标准仅仅适用于具有较长书面文字历史的社会。如果“文学”仅局限于书面语，那么在世界的许多地区，“语言”起码直到近期才算出现。

国界以及民族和种族的划分也会影响人们对语言的阐释。马克斯·魏因赖希的警句（见下文）最初用意第绪语说出，这是一种曾广泛流传于西欧犹太人中的语言（？）或方言（？），但它并未被某个政治集团使用。而多数语言学家的基本标准是看使用不同言语形式的人群在多大程度上能够理解对方的意思。这是一个程度的问题，部分取决于他们在多大程度上能够下意识地适应对方的言语。根据这个标准判断，来自罗塞托的两个女孩会说两种语言，她们相互间使用一种语言，而回答莱普斯基时用的则是另一种语言。

一种语言就是有陆军和海军的地区的一种方言。

（马克斯·魏因赖希，1945）

不管标准如何，“方言”显然也是抽象的。我们是在讨论罗塞托言语的具体形式还是在讨论包含该方言的区域到底有多大？请注意由威廉·拉波夫划分出的“纽约英语”的内部同样存在显著差异。因此，我们的根本问题涉及任何形式的言语，包括方言在内。

作为系统的语言

其实不必因为以上术语的定义而感到惴惴不安。“方言”和“语言”都表示我们感觉到的不同的说话方式。类似的表达法还有“patois”(行话)和“克里奥耳语”。前者是一个法语词,表示几种方言内部的某种局部的形式,后者按照语言学家的定义,是一种从早期“混杂语言”演变而来的语言形式。一些“语言”主要以书面而非言语形式为主,如目前仍在欧洲教授的拉丁语。其他的形式,如示意者使用的手势根本就不是言语形式。在以上提及的林林总总的现象之中,我们的研究对象究竟是什么呢?它的地位又是什么样的呢?

或许我们研究的是一个系统。乍一看,这个答案似乎不能令人耳目一新,因为任何一种行事“方式”,包括说话在内,都可被称为一个控制“系统”。关键在于语言系统是确定的:我们都很清楚语言使用的范围。而在语言内部,各单位形成一套直接或间接相连的关系网,而各单位之间又是互相独立的。下列引言(本来是法语)完美地阐释了上述论点。

> 语言形成一个系统 …… 系统中的每个组成部分紧密相连。
>
> (安托万·梅耶,1906)

形成系统的关系有时是对立的,如英语中“单数”与“复数”相对,吐优卡语的五种据素(见上一章方框)也是互相对立。假设某词的据素是“假定的”,则排除其为“亲眼所见的”、“非亲眼所见的”、“显而易见的”和“间接的”。这里已将所有的可能性列出，不可能出现新的类别。如果据素是四种而非五种，那么呈现出的关系网则会不同。因此，进行语言研究时，语言学家往往首先要找出目标语中相互对立的关系。

另外，我们还能从对立中提炼出规律。举个简单的例子，*boys*是英语中复数以-*s*(发作[z])结尾的名词之一，这被语法学家称为复数的“规则的”形式。“规则的”(*regular*)一词起源于拉丁语*regula*，意思是“根据规律而来的”。在外语教学中，有关规律的讲解往往有助于掌握目标语的使用特征。根据语法规律，名词单数如*boy*或*girl*，其复数的书写形式是在词尾加-*s*，即*boy* +*s*或*girl* +*s*，类似的词都可参照上述规律进行复数变形。有证据显示，这些规律并非由语言学家或语言教师所发明。如*mouse*的复数是*mice*，属“不规则的”形式，即“不是根据规律而来的”。确切地说，*mouse*的复数之所以是*mice*，主要因为它的本义为“鼠科啮齿动物”。然而，在表示“移动光标的器具”时，它的复数形式就该是*mouses*，就像方框里的第二条普遍规律所说的那样。20世纪50年代语言学家曾用一个不存在的词*wug*(用它指某种类似鸟儿的飞禽)做实验，探究儿童如何确定该词的复数形式。答案不出大家所料，是*wugs*([wʌgz])。

由此可见，规律可被看作是语言学家所描述的系统的一部分。当然，规律不仅仅局限于在单词词尾加[z]，还包括单词组合及其排序方式。在句子*A young woman will be coming*中，*a young woman*显然不能被*young a woman*或*a woman young*取代，虽然后者有时可能出现在古代诗歌中。同样，下列几种说法都不能接受：*be coming will*或*be will coming*，*Will be coming a young woman*或*A young will be coming woman*。人们讲话时为何需要遵循一定的规律呢？

提到所谓的“被遵循的”规律，可能会引起某些误解。比如，人们“遵循”做菜的食谱或路线图，一旦被问及为什么加鸡蛋或在十字路口向左拐，他们可能解释说是在遵循所给的提示。显然，言语表达并不遵循这种规律。假设有人说*Can Mary help*，当被询问为何这么讲，他不一定会解释说在问句中*can*要提前，或者将*Mary*放在*help*之后就是打破规律。人们只是理所当然地认为这个句子就该这么讲。

然而，每一条隐含的规律都表达了真正的“规则性”。上句中前两个单词的排序方式与典型的陈述句*Mary can help*正好相对。同样的区别存在于问句*Will Bill help*与陈述句*Bill will help*之间，*Could you come*与*You could come*之间，以及*Was she here*与*She was here*之间，等等。从无数的类似例句中，我们不难提炼出构成疑问句和陈述句的一般规律。另外，其他规律排除了下列说法的可能性：*Can help Mary*。以上单词组合显然没有任何意义，也不存在对立的陈述句。同样，下列类似的句子均不成立：*Will help Bill*，*Could come you*，*Was here she*和*Must put it on the table Peter*等等。“在一般规则的情况下”，以上总结的规律适用于所有句子。

语言学家的任务是将人们认为理所当然的事实表达清楚。想想对言语的表达效果至关重要的冗余结构吧。为了实现冗余，许多不同的单词组合都被排除。当然，这种排除也是有规则可循的。虽然语言不同，但规律却是语言的核心所在。

英语中复数形式的构成方式

英语书面语中复数结构的最普遍规律是加-*s*，如单数

boy,复数*boys*。该词中*s*发作[z]([bɔɪz]);同样,在其他许多单词中*s*也发同样的音,如[klɔ:z](*claws*)、[rʌgz](*rugs*)、['wɛpənz](*weapons*),等等。该规律可归纳为:

(1)在单数后加[z]。

在书面语中,词尾也可能是*-es*(如单数*box*,复数*boxes*),发作[ɪz],通常出现在单数以某类辅音结尾的单词后面,如*box*([bɒks])中的[s]以及*rose*([rəʊz])中的[z](复数发作['rəʊzɪz]),还有*bush*([bʊʃ])中的[ʃ](复数发作['bʊʃɪz]),*church*([ʧə:ʧ])中的[ʧ](复数发作['ʧə:ʧɪz])和*fridge*([frɪʤ])中的[ʤ](复数发作['frɪʤɪz])。此类辅音被称为"齿擦音",于是我们增加一条次规律:

(2)在[z]和前置齿擦音之间插入[ɪ]。

最后,*-s*也可发作[s],如[kats](*cats*)、[dɛsks](*desks*)或[klɪfs](*cliffs*)。在上述情形中,前面的辅音([t]、[k]或[f])属于"清辅音"这一类。据此,我们可再增加一条次规律:

(3)当前面的辅音为"清辅音"时,变[z]为[s]。

(以上几条规律同样适用于部分规则的复数形式,如复数形式*leaves*([li:vz]),其中规则的[z]和不规则的[v]与[li:f](*leaf*)中的[f]并不完全对应。)

它们的地位如何

多数语言学家把对规律的探讨作为研究的重点。在过去的半个世纪中语言学研究主要围绕下列课题展开:区分语言的单位种类,探讨语言包含的规律的形式、规律之间如何相互配合以及系统如何进一步分成子系统。这些课题同时构成语言学大部分课程的核心内容和语言学教科书的主要章节。

教科书的编排方式既能反映出现实状况,又融入了传统观念和表达的需要。我们暂且把这一点放到本书最后,在向读者推荐更多阅读书目时再进一步详述。本章所涉及的话题是这些系统或"语言"整体的本质特征。

一种观点认为,描述一种"语言"好比描述人们的言语中所呈现的结构。"人们所说的"和"能够说的"已经是一种抽象。语言可被看作是从说话者听到或接受的言语中推断出的一组理想的句子。20世纪50年代诺姆·乔姆斯基所下的定义非常经典且很实用。

> 我将**语言**看作一组(有限或无限的)句子,每个句子长度有限并由有限的元素组成……
>
> 研究语言L的基本目的是将该语言中**合乎语法规则的**序列(句子)与不合乎语法规则的序列(句子)加以区分,并探究那些合乎语法规则的序列的结构。语言L的语法可以生成所有合乎语法规则的序列而摒弃不合乎语法规则的序列。
>
> (诺姆·乔姆斯基,1957)

另一种观点则将"语言"视为系统本身。不妨从两个操相同语言的人说起,其中一人请另一人递某物;另一人将某物传给他的同时,可能会对他讲些什么他完全能理解的话。他们交谈的内容取决于所做的事,或所传递的物体,或相互间的社会关系——可能是亲密的朋友,也可能刚刚认识——或其他许多与

费尔迪南·德·索绪尔

索绪尔(图13)因其《普通语言学教程》一书而闻名于世,他于1906—1907、1908—1909、1910—1911年连续三次讲授普通语言学课程,但并没有写成书籍或讲义,到他去世后才由他的学生根据笔记编辑整理而成《普通语言学教程》一书。

索绪尔首先将言语活动严格区分为受个人意志支配的"言语"(法语"parole")和社会成员共有的"语言"("langue")。语言本身是社会中具有客观实在的系统。第二个基本区分在于某个特定时期的语言和历史发展中的语言。因此,语言学被分为两大类:"共时语言学"("同一时间的")和"历时语言学"("不同时间的")。索绪尔用下棋打比方以说明两者之间的分野:共时研究好比描述某个时间棋盘上各子的位置,而历时研究则相当于说明它们是如何形成该格局的。

上述观点对20世纪20年代以后的语言学著作产生了深远的影响。索绪尔把语言看作一种"符号"系统,每个"语言符号"由"能指"(法语"signifiant")和"所指"("signifié")两部分组成,如*girl*是由发音的心理印迹("[gə:l]")和一个"概念"("女孩")共同构成的。符号正是通过同一系统中不同符号间的区别而建立的。

"结构主义语言学家"这一术语出现于20世纪30年代,特指那些明确追随索绪尔语言理论的语言学家。

图13 费尔迪南·德·索绪尔（1857—1913）。

语言无关的因素。然而,除非他俩共有相同的词汇和组词成句的规律,否则就不能进行那样的交流。此时,“语言”作为他俩共有的一个抽象系统,成为彼此沟通的桥梁。

但是,“共有”意味着什么呢?根据费尔迪南·德·索绪尔(见上面的方框)的经典论断,系统为整个社区的所有人共有。以上观点非常接近于下述看法:英语或罗塞托的方言早在人们思考它们究竟是什么之前就已出现。目前,多数语言学家倾向于乔姆斯基的观点(见下一章方框)。他认为,会说一种语言就意味着“知道”它,每个人从孩提时代逐渐习得至少一种语言。即使对于操同一语言的人群来说, 他们所讲的也未必完全一样,因为每个人的人生经历以及大脑发展各不相同。比如我接受家庭和学校的教育,形成我自己的“英语”系统,你会有你自己的“英语”系统。我们的“英语”在某种程度上相似,因为你至少可以读懂我写的文章。只有这部分的相似才是有效的。宽泛意义上的任何“英语”都是抽象的,处于第二位的。

然而,我们感兴趣的正是这处于第二位的概念。我们一直在讨论各种语言,诸如英语、阿拉伯语、法语,诸如埃及或开罗的阿拉伯语,诸如美国或爱尔兰的英语,等等。不同语言的身份确认实际上是一个非常有趣的哲学问题。我们在探究语言的哲学本质的同时,往往能够从看似平常的数据中发现具有启迪性的问题和隐藏的证据。

第七章
语言的系统性

如果将语言视为系统，那么原则上讲，就为语言学研究划定了范畴。“任何形成系统的都是语言学，而不成系统的则不是语言。”然而，其他区分方法则可能涵盖许多不很确定的因素。

例如，说*No*这个词有几种声调变化方式呢？假设某人禁止孩子做某件不该做的事，那么他的音高可能从中音到低音，然后再慢慢低下去。相反，如果从高音开始，接着突然下降，那么这种音高又意味着什么呢？他可能在抗议：“不，我不会按你的想法去做。”再如，从中音开始，音高先略微下降，然后再上升。这种音高可能是对刚刚听到的话表示怀疑：“果真如此吗？”接下来让降下的音高再逐渐升上来，升得更高，表示惊讶的情感。上述模式会依英语类别的不同而改变，因此有些读者可能并不完全赞同上述的阐释。与语言的其他特征一样，音高也在不断变化。比如，英国老人常常评论说现在的年轻人讲陈述句时总是喜欢将句末音高升高。

那么，音高间的区别是否与单复数以及词序对立模式之间的区别相似呢？我们暂且认为答案是肯定的。一个相对的高音对应于一个相对的低音，一个“特高音”对应于一个“非特高音”。但是，这种分析究竟在多大程度上能被接受？让我们回到

*No*这个词的音高上。它或是始于中音，然后突然打住，在此情形中发音类似于*Nope*；或是被无限拖长，音高有时有细微差异，有时没有。然而，我们究竟有多大可能根据音高来区分不同的情感内涵（诸如“严肃”、“怀疑”或“惊讶”）呢？

从某种意义上说，这显然是“语言”，或是某个特定人群所使用的特定语言。可是，假若音高或意义差异不能归结为具体的对立，那么严格地讲，它们就不能被称作某人已知系统的一部分。于是，有些语言学家或将之划在“语言”的边缘位置，或划在“语言”之外，因为这些言语特征虽然在日常生活中“有规则可循”，但却具有不确定因素。

影响单词模式的系统性是不是也更弱呢？规律中存在一些“特例”情况。比如，英语中名词复数的规律就有特例，*mouse*的复数是*mice*，*woman*（[ˈwʊmən]）的复数是*women*（[ˈwɪmɪn]）。那么，从单词或更大单位间的关系中能够抽象出怎样的规律呢？这些规律有特例吗？它们是否更加令人难以捉摸呢？

规律的限制

一个非常有意思的例证是包含*-self*或*-selves*的单词，如*her***self**或*them***selves**的用法。比较下列两个句子：*Mary got herself paid*和*Mary got her paid*。第二句中没有*-self*，*her*和*Mary*指代不同的人：得钱的人和另一个叫“玛丽”的人；但第一句中的*herself*就不能指代其他人。再看另外两句：*The boys got* ***themselves*** *paid* 和*The boys got* ***them*** *paid*。*the boys*和*them*只能指代不同的人，而*the boys*和*themselves*却不能。

根据语法规则，包含*-self*或*-selves*的单词必须与一个“先行词”相连：*herself*指代先行词*Mary*，*themselves*指代先行词*the* *boys*。一个潜在规律规定，包含*-self*或*-selves*的单词必须指代与其意义相配并已出现在句中的某个成分。如果上述规律周密的话，那么此类单词就应遵循上述用法。

语言学家对这条规律做了大量的研究和探讨，并将其进一步细分为三部分，假设每一部分都有效地对语言的使用做出了限制。果真如此，那么违反这些限制至少会让人觉得奇怪。

第一条限制是包含*-self*或*-selves*的单词必须具备一个先行词。因此，***Get her** paid*可以接受，因为*her*后面没有*-self*；而***Get herself** paid*则不能接受，因为*herself*前没有出现任何先行词。如果找不出任何类似这句话的例子，那么以上规律就得到了部分验证。

第二条限制是包含*-self*或*-selves*的单词必须与先行词意义相配。*herself*属于阴性、单数，所以在*Mary got herself paid*中与女名*Mary*相配。再如，下面这句话*The boys got herself paid*则令人费解，因为*the boys* 通常指代两个或两个以上的男性。

第三条限制是先行词应在句内。然而，情况并非想象当中的那么简单。例如：*Mary said Jane got herself paid*。*May*和*Jane*都与*herself*相配；因此，*herself*的先行词可以是两者中的任何一个。但根据上下文，很明显是*Jane* 拿了钱，否则就不会用*herself*而会用*her*。上述例子表明，句内更小的单位与先行词联系时会受到进一步限制。我们可用方括号来划分界限，将该句标为：*Mary said* [***Jane** got **herself** paid*]，*Jane*和*herself* 属于同一层，所以它们意义相配；而*Mary*位于方括号之外：***Mary** said* [*Jane got **herself** paid*]，因此根据以上假设，这两词之间没有联系。

上述第三条限制在诺姆·乔姆斯基（见方框）提出的“普遍语法”中起着重要作用。对*her*和*herself*适用的同样适用于句子

图14 诺姆·乔姆斯基(1928—　)。

的其他成分:尤其体现在非常抽象的层面上,诸如方括号里的单位的定义方式。适用于英语的至少部分地适用于其他语言。因此,该理论认为,英语的限制中包含了更多的抽象原则,这种抽象原则通常经由基因遗传而产生。

诺姆·乔姆斯基

自20世纪60年代以来，索绪尔（见上一章方框）在语言学界的影响逐渐被乔姆斯基（图14）所取代。乔姆斯基在他的第一本书《句法结构》（1957）中提出两个著名的概念："生成语法"和"转换语法"，前者指"合乎语法"的一系列规律，后者指上面提到的语法。

乔姆斯基最重要的观点是语言的基本特征由基因决定。人们在研究某一具体语言时，往往抽象出操该语言的人群形成于孩提时代、最终被熟练掌握的结构特征，接着研究其发展过程。这些语言结构越复杂，人们越难相信它们仅仅来自儿童听到的言语（在大环境之下）和其他相关的外部"输入"。如果从外部无法做出合理的解释，那么只能将语言看作是先天赋予的。

乔姆斯基认为，某人"知道"一种语言就意味着至少此人熟知该语言的语法规则。用他的话来说，每一个人都具备"普遍语法"（缩写为"UG"）的天赋。他提出的UG概念一直在不断发展变化；在20世纪80年代他较有影响的理论中，UG概念涵盖了适用于所有语言的语法规则，以及当孩子学习不同语言的时候，随语言的不同而变化的"参数"。

不管乔姆斯基的理论是否令人信服，它对语言学及其他诸多学科都有深远的影响。

规律是绝对的吗

这是一个值得深思的问题，许多教科书提及了这一点，下面还会附有具体的例子。我们要问的是，规律系统是不是完全确定的以及实际当中的言语和书面语是否忠于既定规则。

让我们先来看一看下列方框中描述的特例。两句中包含-*self*的词都没有先行词，明显违反了上述规律的第一部分。而且，两句完全可以使用不包含-*self*的词：*I and most other GPs*, *either* ***hím*** *or*（强调程度相同）*some* ***óther*** *minister*。另外，两句中包含-*self*的词都与另一表达式连用，一句由*and*与*most other GPs*连接，另一句则是"*either... or ...*"结构的一部分。第一句*the guidelines that myself adhere to*中的*myself*一般不可单独使用，但在受过教育的英国人中将*myself*与*and*连用则非常普遍。例如*Myself cannot come this afternoon*，这个句子听起来很别扭，但以*Pat and myself* ...或*Our wives and ourselves* ...开头的句子就很正常。在最后一句里，我们一般不说*our wives and we*。

为什么不用不包含-*self*的词

The guidelines that myself and most other GPs adhere to

（全国医学总会会员，广播采访，1999年3月）

Would it be possible at some stage to require either himself or some other minister to ...

（英国国会下议院的提问，1992年12月）

到目前为止，我们探讨的不过是一个特例而已。一般来说，包含-*self*的词需有一个先行词，但当它与并列表达式连用时除外。然而在其他情况下，这种表达可能会受到某个其他因素的影响。

下面让我们回头看看包含-*self*的词与不包含-*self*的词的基

本区别。在*He extricated himself*中,“himself”(暂且这么用)等同于“he”;而在*He extricated him*中,“him”却只能表示其他人。那么,*myself*和*me*的情况又是怎样的呢?乍一看,它们同样吻合上述模式。在*I extricated myself*中,包含*-self*的词也是与先行词相连,所指也为说话者“I”。而在*I extricated me*中则出现明显的矛盾,*me*不包含*-self*,因此所指应为其他人,怎么可以仍是说话者本人呢?据此逻辑,*me*在该句中讲不通。

根据同样的推理,我们可以说*You extricated yourself*,而不能说*You extricated you*。然而,人们实际说的并不一定与他们经常说的完全一样,请见下面方框中的三个例句。第一句可以用*for yourself*。但请注意这句中的*you*必须重读:*You do an MBA for **yóu***。第二句中的*me*可以换成*myself*,同样需要重读:*I bought it for **mé***,借此将说话者与其他家庭成员(包括狗)区别开来。第三句中的*me*和*I*同样重要:***Í****'d have held the gun at* ***mé***,这里的*me*可用*myself*代替。然而也许有人会想,被枪对准的那个真正的“我”与另一个想象中的变成另一个人的“我”有着微妙的差别。

为什么没有*-self*

You do an MBA for you: it's the first step to being an entrepreneur.

(《经济学家》上的广告,20世纪90年代)

I bought the [make of car] for me, but everyone else thinks it's theirs.

(电视广告,2002)

If I'd heard what you'd heard I'd have held a gun at me.

(电影,时间不详)

从以上例句来看，句子***Yóu*** *extricated* ***yóu***是否成立呢？很难想象在哪种情景中可以这么说。当我们考虑某个因素（如重音）时，要在可能与不可能之间做出区分并非易事。

下面来看最后一个方框。根据上述规律，句子*Mary said* [*they got herself paid*]不成立：一方面，*herself*的先行词不能是*they*，因为这两个词意义不配；另一方面，*herself*也不能与方括号外的*Mary*产生联系。然而，特罗洛普的作品中却有这么一句话：***She***（先行词）*was sure* [*that he*（不相配）*would never fall in love with* ***herself***]。它和简·奥斯丁作品中的另一句话都推翻了我们刚刚讨论的规律。尽管两部小说均写于19世纪，但现代人都能毫不费力地读懂。在简·奥斯丁的那句话中，方括号部分为：[*that Mr Knightley must marry no one but herself*]。很难想象她还能用其他什么词，也许*no one but her*也行，但是那样的话，意义表达得似乎不太到位。人物"爱玛"就是*through her*中的那个"her"。如果在*no one but her*中重音不在*her*上，则很可能被误解是指代他人（根据上下文，可能是哈丽雅特），至少是指代她们两人中的任何一个，试比较一个更为直接的例子*Mary said* [*that he had paid her*]。

先行词在哪儿

She was sure that he would never fall in love with herself.

（特罗洛普，《阿亚拉的天使》，23）

It darted through her, with the speed of an arrow, that Mr Knightley must marry no one but herself.

（简·奥斯丁，《爱玛》，Ⅲ. 11）

Bagshaw was at once attentive to the idea of an American biographer of X. Trapnel seeking an interview with himself.

（安东尼·鲍威尔，《暂时的国王》，4）

在句子*Mary liked* [*Jane paying it to herself*]中，*herself*若不重读，则与方括号中的*Jane*相联系。再来看上面最后一句中鲍威尔的这句话，*himself*虽与*an American biographer of X. Trapnel*相关联，但后者却不是它的先行词，先行词可能是这一层次之外的*Bagshaw*。那么，为什么鲍威尔不用*him*呢？也许是为了用来指代特拉普内尔（Trapnel），一个在故事中早已不在人世的人物。

给我们的启示

如果因为规律存在例外而得出结论说语言学家不必尝试着总结规律，那就大错特错了。乔姆斯基及其追随者提出的原则至少为我们揭示出英语的许多形式，而且这些形式是从多种不同层面抽象而来的。

在抽象的最高层面，许多语言学家探寻着揭示语言普遍特征的限制，其中首推乔姆斯基的普遍语法。如果乔姆斯基的理论正确，那么将注意力集中于主要方面、排除干扰因素、抽象出语言规律是很有道理的。

抽象的较低层面有一些所谓的规律之下的特例。它们虽然相悖于一般原则，但仍具有明确的适用范围。例如，在某些特定的条件下，人们可以说*myself and most other GPs*。在更低的层面，人们很难对某种语言现象做出解释。我们必须经常密切关注人们在某个特定情景中说话或写作的状态。

此类单词的用法往往逐渐变得越来越具体，都可以被归纳到词典中去。试比较下列两句话：*They controlled themselves*和*They behaved themselves*。第一句中的*themselves*与*them*相对，因而很容易被重读：*They controlled* ***themsélves***（而不是别人），而另一句中的"to behave oneself"则是一个独立的复合结构。包含*-self*的词是该结构的重要组成部分，相反，句子*They behaved* ***them***则没有任何意义。类似形式在习语词典中还有不少，如*You must pull yourself together*。"to pull oneself together"是一个整体，其意义不能从每个单词的字面意义加以推断。这句话可被改写为*You must pull him together*吗？这样一来，我们将发现自己最终被文字游戏所困扰。

语言之所以如此诱人，原因之一在于它能供人们在不同的抽象层面上对其进行分析和研究。许多语言学家发现细节常常使人着迷不已，有些人则饶有兴趣地玩味着语言中缺乏系统性的东西，因为正是这些才最清楚地反映出人们说话及写作时稍纵即逝的场景。对许多人而言，抽象模式虽然深奥但却极具启发性，要想彻底搞懂它就需要将其他一切抛开。语言学是一门范围很广的学科，它包含各个学派的观点。

第八章

声音

与单词和意义一样，声音单位之间也存在对立关系，如英语单词*den*或*door*中的[d]不同于*ten*或*tore* 中的[t]以及*pen*或*pour*中的[p]。单词*ten*中的[ɛ]对立于*tan*中的[a]或*tin*中的[ɪ]。另外，[ˈbɪləʊ] (*billow*)的首音节重音与[bɪˈləʊ] (*below*)的第二个音节重音相对。当然，基本的依据在于每个单词的意义各不相同。

同样，不同语言具有不同的语音系统。例如，西班牙语共有五个不同的元音，分别对应于罗马字母*a*，如*caro*（"亲爱的"）和*carne*（"肉"），以及*e*，如*dedo*（"手指"）和*dentro*（"内部的"）等等。可以想象西班牙人学英语可能遇到的问题，其中之一就是英语元音不仅在数量上多很多，而且不同类型的元音遵循不同的规律。

英语中的元音明显多于西班牙语中的元音。如西班牙语*dedo*或*dentro*中的*e*的发音类似于英语单词*dead*中的[ɛ]、*dado*([ˈdeɪdəʊ])中的[eɪ]、许多方言中的长音[ɛː] 以及*dared*中的双元音[ɛə]。与此不同的规律可能没有这么明显。许多英语单词以元音结尾，如[eɪ] (*day* [deɪ]) 和 [iː] (*tea* [tiː])，还有一些单词如*paying*和*seeing*中的[eɪ]和[iː]分别与另一个元音相连。

而元音[ɛ]和[ɪ]却不存在上述模式，因为在[deɪ]和[dɛ]或[ti:]和[tɪ]之间没有对立。该特征属于传统上称为“短”元音的那一类元音（方框中的A类）。由此，我们可以归纳出一条普遍规律，即此类元音仅仅在某些特定条件下才可能存在。

上述规律涉及的单位本身都是抽象的。那么，它们又是如何与说话者发出的声音这一物理现实联系在一起呢？

答案看起来似乎很简单。当人们书写*pat*这个单词时，先写字母*p*，然后是字母*a*，最后是字母*t*。口头表达时，它被分为三个连续的“音”：首先是[p]“音”；[p]结束时，发第二个“音”[a]；接下来发最后一个“音”[t]。每个“音”都是说话者向他人传递信号的一个“部分”。当单词组合在一起时，便形成较高层次上的“部分”。

如果事实真是这么简单，也就不必把“音”或“部分”放在引号里了。看看图15中的声谱图吧。在第一章中，我们引用了相同词组的波形图（图1）来阐述此类信号的连续性。当时我们只需要波形图。比较而言，声谱图包含了更多信息，但即便如此，人们仍然无法判断对应于单词的一个“部分”以及对应于元音、辅音的“音”的起止点。

究其原因，我们需要了解产生听觉信号的基本机制。

英语中的两类元音

目前使用的音标适用于英国南部的英语，在其他变体中存在不同的对立关系。南部英语的元音分为两大类，每类各包含六个音，这六个音均可根据后接辅音的单音节词做出区分。

A 类（“短”元音）

ɪ (*pit*)	ʊ (*put*)
ɛ (*pet*)	ɒ (*pot*)
a (*pat*)	ʌ (*putt*)

以上六个音还可通过重读音节加以区别，如左栏的三个音分别出现在下列三个单词中：*bitter* （[ˈbɪtə]）、*better* （[ˈbɛtə]）和*batter* （[ˈbatə]）。但是，这六个音只有在后接辅音时才能被区分开来。

B类元音也有六个，其中两个是“长元音”，四个是“双元音”。

B 类

iː (*beat*)	uː (*boot*)
eɪ (*bait*)	əʊ (*boat*)
ʌɪ (*bite*)	aʊ (*bout*)

B类元音不需后接辅音就能被区分开，如左栏三个音分别出现在下列单词中：*pea* （[piː]）、*pay* （[peɪ]）和*pie* （[pʌɪ]）。

B类元音两栏的排列方式反应出双元音的特征。[eɪ]和[ʌɪ]的发音逐渐向*pit*中的[ɪ]靠近，[əʊ]和[aʊ]的发音则向*put*中的[ʊ]靠近。

声音是怎样产生的

医生在检查病人的咽喉时，通常要求病人发“Ah”音，这是人类的发音器官能够发出的最简单的声音之一。我们不妨以此为例，看看声音是如何产生的。

当人们发“Ah”时，空气平稳地从肺中排出。如果对此感到

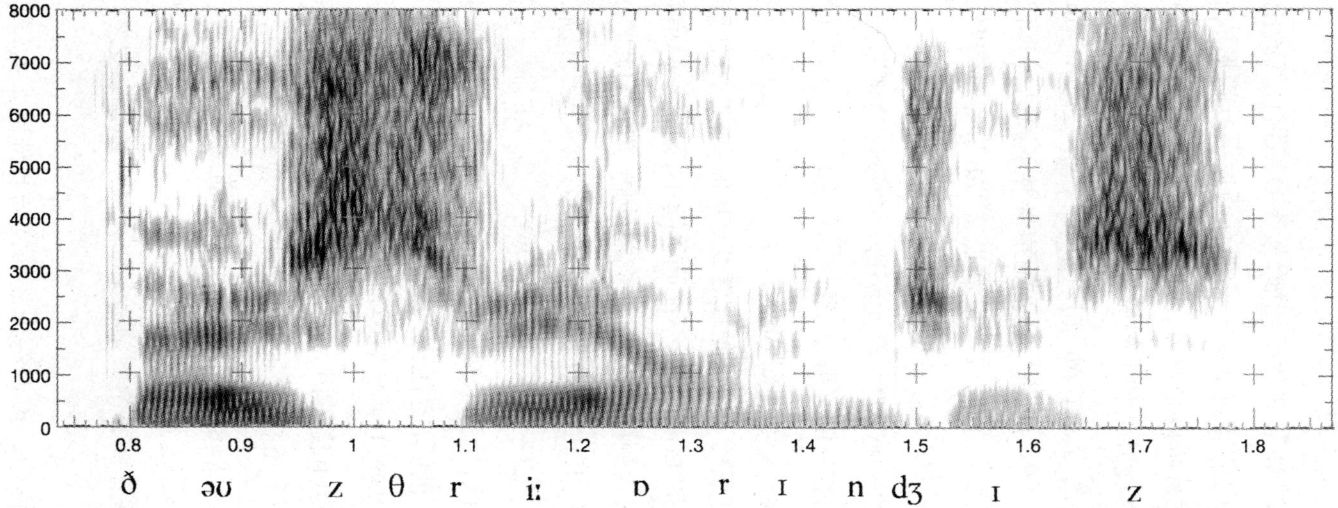

图15 *those three oranges*的声谱图。声谱图揭示出声能在一定范围内的变化频率。从左到右表示时间，间隔为十分之一秒，从下到上表示频率，以赫兹为单位。超过某点的较高值的声能用较深的阴影来表示。图下方的国际音标显示出何时可以听到连续的元音和辅音：[ðəʊz](*those*) [θriː](*three*) [ɒrɪndʒɪz] (*oranges*)。

怀疑，不妨试着发“Ah”，并持续几秒，最终会感到有气流出来。这股气流从咽喉底部穿过喉头——带有两片平行膜形成的阀的盒状器官。这两片膜就是声带，平时正常呼吸时是分开的。当发“Ah”时，声带并拢并在肺中气流经过时产生振动。不同的振动频率导致不同的音，如“Ah”和口中的吹气声，以及“Ah”和“Ha”之间的差异。发“Ha”时，一开始声带并不振动，但可以听到气流的排出。另外，发高音“Ah”和低音“Ah”时，声带振动也有所不同：前者振动快而后者振动慢。

气流接着经过咽喉和嘴，好比经过一个复合共鸣器。当声带振动时，其中的空气随之振动，通过变化嘴的大小和形状，使之发生不同频率的共鸣。发“Ah”时，上下颌张大，舌头平伸并缩回，上述情景可在镜子中清楚地看到。下面与另一发作“Eee”的音做一对比。发“Eee”时，上下颌间隔缩小，如果发得稍微夸张一些，嘴唇会向两侧拉开，舌头会向前伸展。声音的共鸣随着口腔大小和形状的变化而改变。“Ah”和“Ee”的主要区别在于三千赫兹频率以下的三个不同的声能集中。发“Ah”时，两个声能集中的频率很低，第三个较高；发“Eee”时，一个声能集中接近最高值，另一个稍低，还有一个很低。

图15中的横条纹代表类似的声能集中。试比较*three*中的[iː]和*oranges*中的[ɒ]这两个音标的频率。我们能够很清楚地看出为什么[iː] 和 [ɒ]不能被截然分开。人们在发音时，可以从镜子中看到舌头快速地往回缩。同时，舌前部也在运动，不断改变着共鸣器的形状。上述连续的变化导致听觉信号的不断改变。这种差异反映在图15中就是横条纹在某个频率幅度之间上下起伏。

在一般的言语中，类似的音效通常与其他因素共同起作用，有些甚至还可以被单独感知。拿“Shh”这一要求别人安静的音来说，人们在发这个音时在镜子中几乎什么也看不到，但是却能感觉到舌头向嘴前方抬起，舌两侧与上牙槽紧密接触。来自肺部的空气从中间的狭窄通道中挤出，冲向齿前。我们不妨将之比作河流经过峡谷，牙齿好似一排巨石。水流撞击巨石时，快速而湍急。气流同样如此，“Shh”音就好像湍流的声音。

发“Shh”时，声带形成的阀门张开；发“Ah”时，声带则产生振动。所以，在*Shah*这样的单词中，人们能够很容易根据“音”的不同特征及出现的时间分辨出辅音[ʃ]和元音[ɑː]。*three*中的[θ]发音时是将舌尖放在上下齿中间，气流从上齿冲出，因此也具有湍流的特征。如图15所示，它的音响效果不同于元音中的“Eee”类音的特征。

然而，要在[θ]和[iː]中间辨认出[r]却非易事，如[riːd]（*reed*）中的[r]也是由于声带振动而产生的。显然，声带受制于舌头以外的肌肉和控制下颌及其他相关器官的肌肉，因而具有更加敏感的动作协调能力。

塞音

让我们对*pat*（[pat]）一词做一个更详细的描述。人们可以感觉到或从镜子中看到，刚开始发这个音时嘴唇微微抿起。发*mat*（[mat]）时，嘴唇同样抿起，并使空气从鼻腔中通过。气流流经的鼻腔可被看作是为下一个音做准备的共鸣器。但在[pat]以及“Ah”和“Shh”中，气流却被阻滞，导致空气不能被排出。

发音时气流通路闭塞的辅音被称作“塞音”。[pat]中包含三个不同的“部分”：先是塞音[p]，然后是[a]，最后是塞音[t]。发[t]时，我们无法在镜子里看见气流通路闭塞，但能够感觉舌尖伸向上齿后部区域。这样就阻止空气外流，气压随之提高，最后听到的声音是空气在第二次闭塞后释放的产物。

[a]“音”处于两次气流闭塞之间，但它并非想象中的那么简单，所以仍然放在引号中。

先来看喉头以上部位器官的运动情况。当嘴唇合拢时，上下颌间距离变小，正如发[p]的情形。当嘴唇张开时，下颌向下拉，平放在嘴里的舌前部也跟着往下，此种情形出现在从[p]到[a]的转变。从[a]到[t]，下颌再次向上；同时，舌头上抬，往该辅音的目的位置靠近。发[p]和[t]时共鸣器的大小和形状都不相同。因此，两者的听觉信号也不同，正如前面图15中显示的从[iː]到[ɒ]的转变。

20世纪50年代所做的一个著名实验证明了上述转变的重要性。发*tap*或*cat*时，嘴唇、舌头和下颌的运动都不同，因此声谱图中代表声能集中的条纹上下起伏不定。由此可见，这种方法是将条纹代表的输入言语进行人工合成。虽然受试者听到的[p]、[t]和[k]只是短暂的停顿，但仍可感知到这三个辅音之间的差异。

下一个问题是：在[p]和[b]或[t]和[d]之间存在怎样的差异呢？发这两组辅音时，嘴唇或舌头的运动基本相同，主要区别在于声带张开或振动的次数。

图16显示出许多操英语者言语间的差异。发*totter*和*dodder*时，气流在嘴里闭塞两次，且都后接元音。接下来看看气流闭塞处的情形。发*totter*时，声带没有立刻振动，所以存在气流继续流动的间隙；阻塞消除后，嘴唇里的气流则升高。发*dodder*时，声带会立刻振动，因而没有间隙；阻塞消除后，气流将降低。在*poppy*和*Bobby*这一组单词中可以发现类似的区别。当闭塞结束

后，声带开始振动时，则发出了元音之前的[b]；当振动受到阻滞时，就发出了[p]。

除此之外，还能发现其他一些区别。当[d]处于两个元音之间（如*do**dd**er*），声带振动较早，气流在嘴中受阻后振动马上消失（正如图16所示）。发[t]时，气流立刻阻塞。另外，[d]前面的元音延续时间较长（再见图16）。以上差异常见于从元音到塞音的转变，而非塞音内部的变化。

图16描述了许多操英语者讲话时的差异。注意：不是所有人都存在这种差异。当然，其他语言存在的不同情况也被发现了。

有些语言却不存在类似的对立关系，比如一些澳大利亚土著的语言。相同的辅音对于操欧洲语言者而言，有时听起来像[p]或[t]，有时却像[b]或[d]，在欧洲语言内部甚至还存在着进一步的差异。比如，英国人刚开始学习意大利语时，可能搞不清应该如何发音。如英国人发*babbo*（“爸爸”）这个词，一开始嘴唇闭合时，声带便开始振动，并在接下来的两个元音及第二次闭合中一直持续下去。发*pappa*（“面包糊”）时，声带振动应始于第一次闭合，止于第二次闭合。其他语言区分出三种类型。第一种类似于英语中的[t]，声带振动明显迟于闭合结束点，此类辅音传统上被称作“送气”音。第二种类似于意大利语中的“p”：闭合期间声带不振动，闭合结束时没有明显的阻滞。第三种的发音类似于“b”。这样我们就区分了四种塞音中的三种，在乌尔都语和印地语中，四种塞音都存在。

超越元音和辅音

像*pat*这样的单词并不是由音的三个“部分”——[p]+[a]

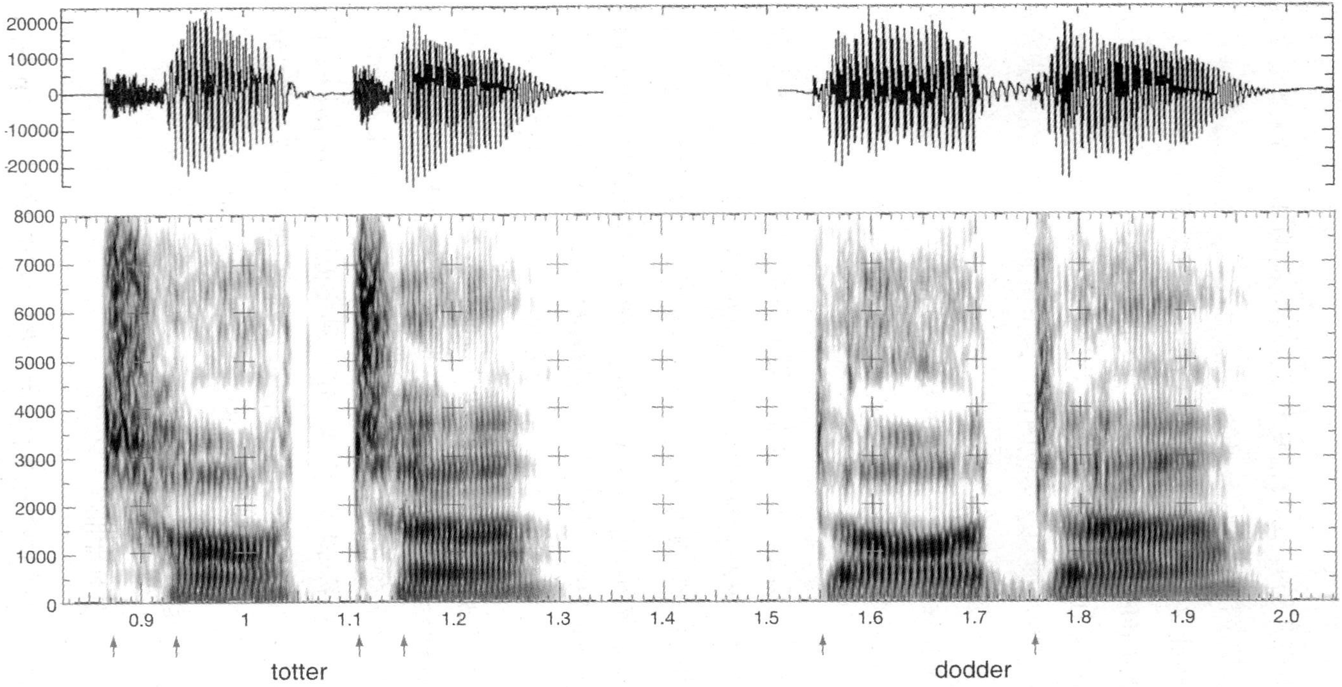

图16 *totter*和*dodder*的波形图和声谱图。箭头表示闭合结束点，在*totter*中还表示声带开始振动前的间隙。

+[t]组合而成。相反,语音单位如[p]、[a]和[t]可被看作某个系统内部有意义的抽象概念。我们不禁要问:是否所有的抽象概念都像字母书写体系所呈现的那样呢?

让我们来看一看嘴唇所起的作用。当人们说"Ah"时,颌大张,嘴唇也张开,唇型有限。唇型虽是整体的一部分,但其本身也是独立的。发"Ooo"时,嘴唇缩拢或变圆,但可以保持其他发音器官不变,这时嘴唇往两边拉,如发"Eee"时的情形。另外,发"Ooo"和"Eee"时,舌头的位置也不完全相同;发"Eee"时,舌头的位置保持不变,嘴唇变圆,正如法语单词*lune*("月亮",[lyn])中元音的发音,操英语者在学习法语时可能会意识到这一点。

因此,可将法语单词*lune*中的"圆唇"看作一种抽象单位,这种单位很可能会混淆国际音标中字母的元音和辅音。

以英语单词*clue*为例:按照一般的国际音标标注法,它的首辅音与*clean*的首辅音一样。就唇型而言,后接的元音在发音时要么像"Ooo"要么像"Eee":相对于[kli:n](*clean*)来说,发[klu:](*clue*)时嘴唇是圆形的。但我们无法解释为什么唇型应与舌位相对应。在*two clues*中,*two*以同样的元音结尾,因此在整个发音过程中,嘴唇一直或大部分时候都是圆形的。试比较下列两组中的[kl]:在*three clues*中,唇形在发完*three*中的[i:]时可能迅速改变;发*two cleans*时,情形正好相反。若单发*clues*,唇形则一直保持不变。这是否意味着圆唇仅仅是属于[u:]的一个特征呢?

上述问题在土耳其语中显得尤为突出。下页方框描述了圆唇和"不圆唇"特征在音节间传递的规则模式。在单词*köyün*("村庄的")中,第一个元音类似于德语中的"ö",是圆唇音;第二个元音类似于德语中的“ü”，仍是圆唇音。相反，单词*elin*（“手的”）中的两个元音都是“不圆唇”音，发音时嘴唇向两边拉开。两词均以属格词尾（“…… 的”）结尾，该词尾与大多数词尾一样，因前置音节不同而变化。因为单词*köy*（“村庄”）中有圆唇音，所以它的属格词尾*-ün*也是圆唇音。相反，*el*（“手”）中没有圆唇音，因此它的属格词尾*-in*也就不是圆唇音。

土耳其语中“元音和谐”的规则模式

下列词语既包括含有属格词尾（GEN）的，也包括不含属格词尾的。第二、第四列单词的倒数第二个音节为“圆唇”音：*ü*、*ö*、*u* 和*o*。它们的词尾也是圆唇音（*-ün*或*-un*）。而第一、第三列的对应元音则为“不圆唇”音：*i* 、*e*、*ı*和*a*，因而属格词尾也是不圆唇音（*-in* 和*-ın*）。

在前两列中，倒数第二个元音被称为“前元音”：*ü*和*ö*是圆唇前元音，*i*和*e*是不圆唇前元音。词尾同样也是前元音：圆唇前元音*-ün*和不圆唇前元音*-in*。后两列中对应的元音则是“后元音”：圆唇后元音*u*和*o*与不圆唇后元音*ı*和*a*。

deniz	tütün	kadın	sabun
“大海”	“烟草”	“女人”	“肥皂”
deniz-in	tütün-ün	kadın-ın	sabun-un
“大海-GEN”	“烟草-GEN”	“女人-GEN”	“肥皂-GEN”
el	köy	adam	son
“手”	“村庄”	“男人”	“结尾”
el-in	köy-ün	adam-ın	son-un
“手-GEN”	“村庄-GEN”	“男人-GEN”	“结尾-GEN”

上述规则模式适用于大部分的类似词尾，当然不排除存在某些特例。

因此，元音可被归为两类："闭元音"和"开元音"，前者发音时，下颌和舌头的位置相对较高；后者发音时，下颌和舌头的位置则相对较低。

	前元音		后元音	
	不圆唇	圆唇	不圆唇	圆唇
闭元音	i	ü	ı	u
开元音	e	ö	a	o

上述模式被称为"元音和谐"中的一种，即只是在元音之间存在这种对立关系。另外，它还可从土耳其字母的书写体系中反映出来。该书写体系最早在20世纪被接受，成为一战后土耳其之父穆斯塔法·凯末尔领导下的西化运动的一部分。元音被明确而简捷地分为四个圆唇音（见方框）和四个不圆唇音。实际上，和谐不只限于元音之间，在前面提及的单词*köyün*的各音节之间也存在和谐。在该词的发音过程中，嘴唇自始至终噘着。因此，"和谐"可被看作贯穿于所有音节之中。

方框中的单词还存在第二种模式，即词尾"和谐"。在单词*sonun*（"结尾的"）中，*son*（"结尾"）和属格词尾*-un*都是圆唇音，但舌头的位置将它们与*ö*和*ü*区别开来。单词*adamın*（"男人的"）中的*adam*和*-ın*（注意上面没有那一点）则是不圆唇音，但它们却不同于*elin*中的*e*和*i*。要发好"ı"音，操英语者不妨先发*push*，再把嘴唇向两边拉，唇形类似于"i"，但舌位却不一样。

舌头是一个更加复杂的器官，它和下颌的位置共同影响着从喉头到牙齿的整个共鸣器的形状和音量。这些元音的归类方式可做进一步的抽象概括，很明显，它们都是成对出现的，像*i*和*ü*以及*ı*和*u*。属格词尾以及其他词尾的变化便是强有力的佐证，如*e*相对于*ö*，*a*相对于*o*。而*ö*和*o*之间最明显的区别在于：发*ö*时，舌头靠近嘴前部，而发*o*时，舌头则靠近后部。下列对子之间存在同样的差异：*i*和*ı*，*ü*和*u*，以及*e*和*a*（不同于英语中的元音）。

然而，差异不仅仅限于音节的某一“部分”。如发*köy*（“村庄”）与*kadın*（“女人”）中的“k”时，舌位就不完全相同，就像英语中*key*（[ki:]）和*car*（[ka:]）中的[k]，虽然写出来一样，但实际发音并不一样。基于此，就土耳其语而言，我们不妨将“和谐”看作是从相邻整体音节中抽象而来。

并非所有的语言学家都赞成上述观点，但有一点我们必须承认：“声音”单位是抽象的概念。它们与言语的物理现实之间存在着错综复杂的联系。

第九章

语言与大脑

我们智人具有超大容量的大脑。“超大”并非指它的绝对尺寸，任何一个大型动物的大脑肯定超过一只猫或一只老鼠，关键在于大脑尺寸和结构与整个身体尺寸的比例。从生物学角度来讲，人类比一般的有胎盘哺乳动物要“聪明”五倍。

我们的近亲同样拥有较大的大脑，距今三百万年前的“人科动物”或“类人类”的化石都可作为佐证。能人的大脑在一百万年中不断发展，逐渐超过其他物种，成为被古生物学家归于与人类同属的第一个物种。另外，生活在距今约一百万年前的直立人的头骨似乎更大，相关记载可以追溯到距今四十万年前，能人的化石已被归入人类。这种由化石推断出的“聪明”程度仍是完全由体质确定的。我们不禁试着将能人的进化与一些具体行为模式相联系，而不仅仅是能人的智力增长情况，这些行为模式将人类与黑猩猩及其他猿类区别开来。其中，言语便是最重要的标志之一。因此，许多人提出，语言或至少类似语言的交际形式应该起源于人类大脑快速发展的阶段。

人类和其他灵长类动物大脑的“急剧发展”主要发生在大脑皮层的前部。皮层是指构成大脑两半球沟回的表层灰质。我们可以通过提取化石头骨的内部形状来观察灭绝物种的皮层皱褶。某些理论家想要找出更多的细节。首先，不妨假设语言控制区位于大脑皮层的某个特定区域。如果在我们祖先的大脑皮层里存在相对应的区域，那么这两个区域必然应该拥有类似的功能。因此，可以说在大脑进化的同时，类似语言的行为也跟着进化了。

从以上观点可以做出许多假设，首先是我们至少可以知道语言控制区所处的位置，即使我们说不清控制的过程。但对于语言控制区的位置，我们到底有多大的把握呢？

为什么语言学不能做出解释

涉及"如何"的问题往往令人头疼。我们知道言语中的声音是如何产生的，声带、舌头和其他器官是如何运作的。我们还大体知道人体器官是如何被神经系统控制的。但我们却不知道大脑是如何决定某些单词组合的。既然我们将单词分解为许多个单"音"，我们希望可以做出大胆的推断：*no*这个单词由［n］和［əʊ］这两个言语中其实并不存在的单位形成。它们可被看作在有意识的理解层次上建立的抽象概念，而非大脑分析的产物。它们无助于我们的理解。

不妨将此与我们观察事物的方式做一比较。例如，看见一辆车从身边呼啸经过意味着感知它的位置变化，这辆车被视为相对于"背景"而运动的一个"目标"，这个"背景"也形成于对视线内其他物体的总体感觉之上。可以想象，进入眼睛的光的模式在大脑中被进行类似的分析。判断目标的主要依据是形状和颜色。同时，大脑还会根据光模式的变化来确定目标的运动方式。因此，感知汽车及其运动方式是一次经验中不可分割的两个方面。

当然，上面这句话在意识层面上完全正确。然而，脑科学家却告诉我们，负责探查运动的系统实际上并不等同于探查形状或颜色的系统。相关证据主要来自对眼睛和大脑与人类进化相似的其他动物所做的实验。另外，科学家的发现在极个别病人（患病或受伤后大脑受损导致某个系统功能丧失）身上得到了进一步验证。其中一个病人虽然能够看出车的形状并感知它的运动，却没有颜色的概念，红色、蓝色等在他眼里没有任何差别。另外还有一个经典的病例：一个病人能够准确无误地判断出车的形状和颜色，但奇怪的是看不出车在运动。

以上发现提醒我们：论及大脑中的灰质，我们都是局外人。语言学家所研究的系统是人类有意识地理解大脑和行为的抽象概念。如果把这些当作探讨大脑运作的指导原则，那就未免有点天真了。

这一警示在一定程度上适用于“语言”本身。语言学家研究的对象是我们称为“语言”的抽象概念。当我们谈到“语言”的时候，通常谈的都是语言的基本属性。因此，我们必须提醒自己从语言中到底能提炼出多少特征。首先，说话并非唯一一种有意义的行为方式。人们可以一言不发，用手指着某物，大笑或微笑，失望地举起双手，急向后转，然后快速离开。在某些国家，鞠躬表示尊敬；而在另一些国家，同样的动作却表示讽刺。所有这一切都被排除在“语言”之外。另外，我们还从言语本身的许多特征中提炼出一些东西，如语速缓慢、耳语或大声叫喊分别蕴含不同的意义。但以上这些都不在语言学家研究的范围之内。他们所关心的是孩子在学习其他知识和技能的同时，是如何掌握某种语言的。根据常识，学说话是一件很普通的事情。但在学说话的同时，孩子的大脑未必能得到相应的发展。

下面以人们谈论单词意义的方式为例，来做进一步的说明。也许用“各种各样的方式”更为确切，因为不同的语言学家对如何描述单词的意义持有不同的看法。然而，他们一致认为我们不必通过描述整个世界来阐述某个单词的意义。举例来说，单词*fox*不同于其他的单词，如*vixen*、*badger*或*rabbit*。有关狐狸的生理结构或行为方式，以及某个种类如赤狐（*Vulpes vulpes*）的数目和分布都不在该词的意义范畴之内。解释*swim*时，也不必牵涉浮力或推进技巧。当然，划分范畴很难，不过倒是给我们提了个醒。不管怎么说，将如何使用单词的知识与被许多语言学家称为“百科”的知识分开还是蛮有意义的。

然而，我们的大脑组织结构可能与众不同。语言为我们人类所特有：我们“有”语言，而我们的近亲却没有。不过应该说，语言随着智力的显著增长而进化。接下来的问题是语言和智力之间究竟存在何种紧密联系。众所周知，语言不仅仅是一种交际手段，还是一种思维方式，语言、智力与记忆力之间存在密切联系。我们现在还不是很清楚为什么要把“语言记忆力”（个人运用语言词汇的具体方式）看作是单独进化而来的。

有无“言语中心”

有关语言控制区域的“位置”的观点似乎更加经得起检验。长期以来，医学证据显示大脑的某个区域与言语生成和理解有关。问题是，“有关”可能只不过是说说而已。

负责语言的关键区域一般来说位于大脑左侧。人脑结构类似核桃仁，两个相似形状的“半球”连在一起。它们的功能基本对称，分别控制着另一侧的肢体，并接受另一侧视界的输入。当然，上述功能与许多动物的功能基本相仿。两半球各司其职，对

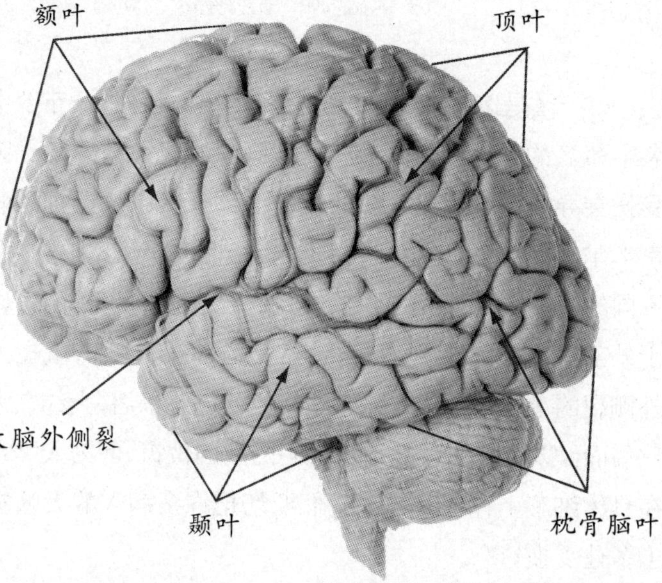

图17 人类大脑的左半球。左、右半球的大脑皮层均由四叶组成。大脑外侧裂将额叶与颞叶分开，位于“布罗卡区”的正下方。

我们如何行动、如何理解世界分别起着不同的作用，如对于左撇子而言，右半球在某一方面起到了支配作用。对于绝大多数人来说，左半球负责语言功能。以上结论主要来自对大脑受损人群所做的研究。这些人包括并不罕见的肿瘤和脑卒中患者、战争中脑部受伤者，或是交通事故受害者。在上述情形下，病人的言语往往受到影响，而且通常情况是他们的左半球受到了伤害。

大脑中存在两个与语言紧密相关的区域，被看作是负责处理语言的“言语中心”（如果当真有这么个“言语中心”存在的话），并在一百多年前被命名（见方框）。随后，许多神经病学家对它们做了进一步研究。

“布罗卡区”和“韦尼克区”

第一区是以19世纪法国的一个内科医生保罗·布罗卡的名字命名的。他于1861年从一病例中发现大脑内某一区域受伤会导致语言表达机能的丧失。另一区以德国神经病学家卡尔·韦尼克的名字命名。他于19世纪70年代报告了两个不同的病例。两区从侧面看,位于中心位置;从顶部看,则位于外部。更准确地说,“布罗卡区”位于额叶内部,就在大脑外侧裂的上方(见图17)。“韦尼克区”位置稍后,大约在太阳穴后面。以上介绍只能大概说明两区的位置,因为人类大脑在具体细节上存在差异。我们要切记许多病人的大脑实际上多处受损。

有两种典型的语言障碍分别由此而被称为“布罗卡失语症”和“韦尼克失语症”。“布罗卡失语症”的患者语言缺乏流利性和“语法”,“韦尼克失语症”的患者语言流利但缺乏“内容”。不同症状暗示着大脑受损区域的不同。有些研究人员由此做出进一步推断:语言处理的某些方面,如“言语计划”(“布罗卡区”)、句子结构控制(还是“布罗卡区”)或“言语理解”(“韦尼克区”)主要由这两区负责。上述结论的证据主要来自对脑部受损病例的研究报告,病人往往被要求进行笔头测试以判断其理解句子的能力,他们的答案将与语言学家总结出的语法结构进行比较分析。对于此类研究的假设应小心审慎,不可盲从。

有些证据在许多方面令人困惑不解。以20世纪40年代奥斯陆大学诊所的一个病例为例:病人(“阿斯特丽·L.”)是一位挪威妇女，其左侧大脑在1941年的一次空袭中受到严重创伤。她先是丧失知觉，脑浆溢出，X光显示左侧额叶受到大面积损伤。令人欣慰的是，这个故事有个圆满的结局。至1947年报告该病例时，她的身体已基本康复，并和丈夫育有一子。

当她在医院刚苏醒时，右侧瘫痪，一句话也讲不出来，但后来逐渐好转，两年后，进入大学诊所时，她已能自主行走并与人进行流利的交谈。可是，她的言语“音调”发生了明显的变化，而且这种变化没有定式。报告中这样写道：“当她连词成句时，已不再是自然的挪威口音了。”尤为特别的是，一般句末的音高该降低时，她往往会把音高升高，如在句子*Jeg tok den*（“我拿了它”）中，她会强调*den*。这个词在正常言语中是与*tok*合在一起，形成一个类似单词的单位。受伤三年后，她被要求参加一项测试，主要内容是辨别具有对立音高变化的一对单词的发音（挪威语里有这样的单词）。经测试发现其他挪威人觉得她讲话带有德国口音。这在20世纪40年代可是件倒霉的事，当时德国纳粹未经宣战就占领了挪威，紧接着来了盖世太保。当“阿斯特丽·L.”刚进大学诊所时就曾抱怨说人们在商店里拒绝为她提供服务。

那么，她为何无法控制言语的这些方面呢？说话的“音调”问题并不在于控制音高本身。“阿斯特丽·L.”在康复早期就能唱歌了，初到诊所时歌能唱得很好。为什么发展到这一阶段，她的音高仍出现问题呢？这确实令人费解。

许多调查分析了常常出错的情形。最糟的情况是病人根本不能正常言语，对听到的话也没有任何反应。这种症状也是阿尔茨海默氏病的症状，即逐步损害老年人大脑皮层部分的退化性混乱的最终结果。在其他情况下，人们至少能够正常地理解言语并按要求做某事，但他们的言语可能只是勉强将几个单词拼凑在一起而已。他们说的都是单词的原形。你在词典上都可以查得到。假设这样一个病人想告诉你花园里有几只猫。你也许能听到*cat*这个词，但却没有复数词尾。在错误的开头或延迟之后，你可能会听到另一个词*grass*，但它们不会和其他词如*are*或*the*组成一个连贯的句子。也许有的病人能够叽里呱啦地说上一通，问题是我们根本听不懂他们究竟说些什么。可能有更明显的证据说明他们理解言语的能力已被大大削弱。还有些病人会用一些无意义的单词，就像刘易斯·卡罗尔小说中的那首诗《无意义的话》。类似*And the mome raths outgrabe*的句子(《无意义的话》的最后一行)并不是很难理解。这句话由*and*与上一句连接，*raths*可能是复数形式，还有"raths"[①]也许正处于"momeness"[②]的状态。然而，卡罗尔的诗以及类似的言语障碍根本就不知道傻乎乎的史前山寨究竟是什么。情况稍好些的病人讲话时，单词好像就在他们嘴边。如果他们按要求把刀递给你，那至少说明他们知道**刀**是指什么。但是，如果他们自己想要刀的话，可能只会绕着圈子问：**我能有吗？……等等……你知道的，你用它切东西的**。

大多数有关语言控制区域的理论都建立在对此类病例的研究结果之上。我们这里所报告的主要是结果而非原因。用医学术语来讲，它们可被归为"综合征"，即症候群。如根据20世纪80年代初首先报告的症候，艾滋病被定义为一种综合病征（"获

---

①rath意为"史前山寨"，指古爱尔兰酋长的住地和防御工事。——编者注

②mome意为"傻瓜"、"笨蛋"。——编者注

得性免疫缺陷综合征”)，接下来便是寻找导致该病的病原。我们现在面临的问题是揭示怪异的行为方式与大脑某部位受损之间的联系。但是我们的研究范围是受限的。

一个明显的问题是“症候”，或不同形式的“精神障碍”，它们的判断依据是大家认为正常的行为。例如，病人可能会犯这样一个语法错误：*if Mary* ***come*** *tomorrow*，而没用***comes***。正常人也会出现类似的口误；但病人一旦这么说了，就会被当作症候记录下来，临床医师会给它贴上个标签。我们的观察本身就是主观的。再来看看“阿斯特丽·L.”的情况吧。最近的调查将在她身上出现的这种言语障碍称为“外国口音”综合征，据说它非常罕见。其实该术语并没有描述言语本身，而是强调社区中其他人(包括临床医生在内)对病人言语障碍的反应。G.H.蒙拉德-科恩在原始报告中新造了一个词“言语声律障碍”，用来表示音高的不正常等。然而，当有其他非正常现象存在，病人的言语不连贯时，就很难保证所有的“言语声律障碍”都能被连贯地记录下来。

另外，值得注意的是语言处理过程远比某个受损病例呈现出的情形复杂得多。之所以称作“处理”，部分原因是因为那些病人能够康复。从某种意义上讲，他们尽管被诊断出在语言“使用”过程中存在暂时的问题，却仍保留了语言中的单词及其组合规律的“知识”。当然，我们的讨论不仅涉及局内人对语言概念的理解，而且包括对我们自身所设计的信息系统的理解。我们姑且将大脑的运转方式想象成那样。即便如此，脑部受损的区域仍会对我们产生误导。

不妨将其与房子因电起火做一比较。起火原因可能是某根保险丝烧断了，于是整间屋子陷入一片黑暗。那样的话，很快就能修复:如果没有保险丝,可以从别处找些铅丝来替代。另外一个可能是提供高压输电线路网的发电所那边出了问题。但其他发电所可以帮助解决供电问题。假设一条为整个小镇供电的输电线在暴风雨中被吹断,这将带来严重的后果。可能需要好几天才能修复,同时,一切用电设备将陷于瘫痪。然而,我们并不能因此断定说由于线路瘫痪,发电所不供电,所以发电的地方一定是受到了暴风雨的袭击。

将大脑与之相比也许并不很确切,但我们不要轻易对不确信或不理解的现象下结论。正如脑科学家所描述的,我们发现的受损部位很可能对一个庞大体系的"路径"产生影响。

将来的研究方向

以上讨论也许听起来较为悲观,但希望永远存在,总体来说,大脑研究的前途看起来确实一片光明。

首先,研究工具越来越先进。大脑扫描仪不仅有助于确定大脑受损的部位,而且能够观察到进行实验时大脑内部的活跃区域。最普通的技术是根据提供能量的血流量的增加来推断神经元的活动。为了维持大脑正常运转,我们需要大量进食以提供能量。通过观察,我们可以间接测量为不同区域提供能量的多少。如果血流量大,则意味着细胞活动频繁。另一更具潜力的技术是通过跟踪细微的电流变化直接记录细胞的活动情况。当然,大脑扫描的应用远不止对讲话时发生的一切所做的研究。语言学是一门学科,它时刻准备着从揭示的现象中得到一些启示。

然而,研究正常人的大脑同样也很重要。诚然,我们身边不乏病人,且随时可以接受测试。因此,人们设计各种各样的实验来研究受试者的活动模式，有些受试者行为反常，有些则是大脑不同区域受到损伤。但有一点应该切记，我们的发现可能部分取决于病人的大脑弥补大脑损伤的方式。

为了便于比较，不妨假设你的右手丧失功能，那么，必然有一些以前用两只手或右手做的事情，现在必须学会用左手去完成。如果你是右撇子，可能就不得不强迫自己用左手写字。显然，这将牵涉大脑和肌肉，并逐渐形成新的用手习惯。语言学家感兴趣的是大脑内部发生的事情。我们不能想当然，认为大脑受损后的运转方式就是其正常的运转方式减去受损部位受伤前的情形，这就好比通过观察某人切除一条手臂后把持物体的方式来调查之前他是如何抓握东西的。

因此，我们期望能有更多实验来扫描正常人的大脑。虽然这一希望或许听起来有点自相矛盾，但或许只有当我们充分意识到人类的大脑有多么神秘的时候，智慧的种子才能生根。

有一段时期，大脑常被比作数字计算机。在“硬件”层次上，神经元互相联系，电子信号沿着电路传递。当然，上述观点产生于神经学者发现大脑的化学过程之前（他们还不断有新的发现）。在“软件”层次上，许多研究者认为，如果我们能够抽象出一项大脑能够完成的任务，如找出一句话的句法结构，并通过编程让计算机完成这个抽象出来的任务，那么我们就可以从中直接得到结果，知道大脑系统是如何处理所接受的输入的。以上想法在计算机科学处于初级阶段时有一定的市场。但我们没有理由认定大脑拥有专门的“软件”系统，这些系统专门为较大任务(如言语理解)切分出的一系列子任务而设计。

事实上，我们并不知道大脑中发生的一切如何与某次经验(如理解一句话)发生联系。几乎在多数语言学家和心理学家展开讨论之前,“理解”就已经成为一种来自经验的抽象。“句子”更明显也是一种抽象,虽然它的有效性只充分表现在语言学家的研究层面。然而,也许在大脑的生理活动方式与我们观察、分析的行为之间,或由两者间相互作用而产生的精神结构与印象之间,存在某种比我们想象中复杂得多的因果联系吧。

索引

（条目后的数字为原文页码）

A

B

C

P

Q

R

S

T

U

V

W

Y

P. H. Matthews

LINGUISTICS

A Very Short Introduction

123

Contents

Acknowledgements

It would be silly to pretend that one does not need advice and help in writing something like this. David Hawkins, Sarah Hawkins, David McMullen, Anna Morpurgo Davies, Francis Nolan, and Lucienne Schleich have all supplied it in one way or another, some going to great trouble. To them especially I am truly grateful.

List of illustrations

The publisher and the author apologize for any errors or omissions in the above list. If contacted they will be pleased to rectify these at the earliest opportunity.

List of maps

Chapter 1
The study of language

What is *linguistics*? It is defined in dictionaries as the academic study or, more simply, as a 'science' of language. Those who practise it are *linguists*, and the aim of this book is to give some feeling for what interests a wide variety of linguists, and for the nature of language itself. What do we mean, though, by applying the term 'science' in this field?

Human language is, of course, uniquely human. I say 'of course' since, as it stands, that is scarcely a profound statement. It does make clear, however, that in studying language we are starting, and cannot but start, as insiders. We are ourselves human beings, and all speak at least one language. We are therefore studying a central aspect of our own lives. This puts us in a privileged position, since we take for granted so much that outsiders would find out at best with difficulty. Being an insider, however, also has its problems.

Other scientists have studied the 'language', as we are tempted to call it, of other species. We know, for example, that many birds sing partly to establish a territory; that honey bees tell others in their hive where sources of food are located; that the calls of at least some other primates are in part learned and not wholly 'instinctive'. Most autumns, when I am tidying up the garden, I am thrilled by the song of the European robin. It is the only garden bird that has an individual territory outside the breeding season, and therefore sings when others are silent. Its song is complex and can be divided into phrases, lasting on average between one and two seconds. Each phrase is different from the next, and can be analysed into 'motifs', which themselves vary. To that extent, then, we are able to see structure in the robin's song. Yet we have no evidence, as human scientists, that these smaller units have what we would call specific 'meanings'.

The autumn is also a time when professors must sing for their living. While preparing my lectures, I have often wondered what a similar outsider might make of the noises *Homo sapiens* so volubly produces. Let us imagine that some genuine aliens come here in their UFO to study us. Forget the conventions in films: they will not be able to question us in fluent American English. But suppose – though this is already some supposing – that they communicate with one another at a range of sound frequencies similar to ours, so they will at least hear what we are saying. They will find that, when we are together, we are rarely silent. Sometimes we give tongue while doing things that seem to have some purpose. We might at the same time, for example, be cooking dinner and then eating it. At other times we chatter, for long periods, while apparently doing nothing else that matters. We may be simply sitting down, moving limbs from time to time or shifting our position. There are even occasions when whole groups of people sit there while one individual spouts at them. This happens, for example, when a professor lectures to an audience of students. Our alien scientists might not understand at once that this is communication. Think how long it took our own intelligent species finally to grasp the point of bird song! Let us assume, however, that they have this insight. How would they analyse the sounds they recorded?

To us, as insiders, it seems obvious that speech includes words. If someone asks, for example, for three oranges, the word *three* is one word with one meaning, and *oranges* another with another meaning. But an outsider would have no easy clue to the existence of these words. Try, if in doubt, to listen to someone speaking a language totally unknown to you. There will be pauses when they breathe or hesitate, but no audible divisions among smaller units. Therefore, even though we take for granted that such units must be there, we cannot guess reliably where they begin and end. If that is not already convincing, look at the display in Fig. 1 overleaf, of a recording of three successive words as spoken naturally in English. The variations in the signal largely correspond to our distinctions between vowels and consonants. But it is not cut off between words. It seems then that an alien investigator might at first hear no more than an intermittent burble. How can they discover whether parts of it have separate functions?

The natural method is to try to correlate repeated signals with the other things that people are observed to do. That is how we can ourselves identify, for instance, an 'alarm call' in another species. Once this call is sounded by one individual, others in earshot can be seen to hide, or dash up trees, or fly off, or start running. But a moment's thought makes clear that language would only rarely lend itself to study in that way.

Take, for example, a group of people who are talking while they are having coffee. One of them has the coffee pot in hand and asks if anyone would like some more. We cannot, however, predict exactly what they will say. It might be 'Would anyone like some more coffee?', or 'Would anyone like another cup?', or 'Another cup, anyone?' In response to these and other possibilities, some individuals may hold out a cup and have it refilled; others at most shake their heads. In saying any of these things the speaker need not actually hold the pot. It might indeed be empty and, if anyone wants more, someone must go to the kitchen to refill it. If no one wants more nothing happens that, to an alien observer, will give any clue at all. Even when there is coffee in view and being handled, the word *coffee* does not have to be spoken. Neither is it spoken only when that is the case. A speaker might ask someone if, for example, they have remembered to put coffee on their shopping list. These are everyday exchanges. Where, then, would an alien find the

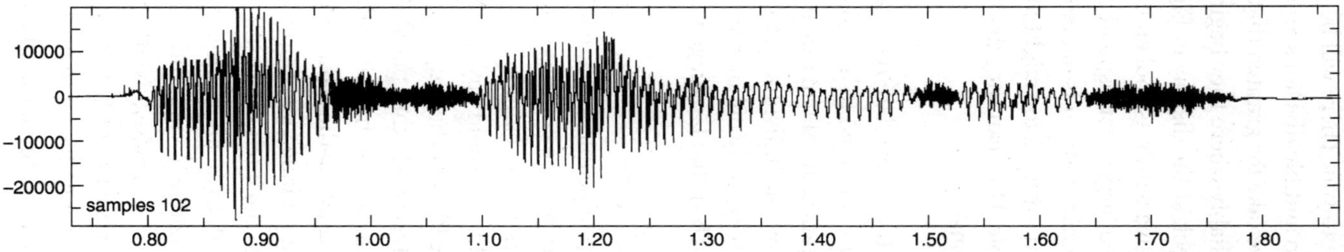

1. Wave form of *those three oranges*. This shows the amplitude of the acoustic signal, as it varies in time (left to right). The time dimension is marked arbitrarily in tenths of a second.

correlations that would demonstrate that speech is made up of such words, or that *coffee* is one of them?

It would be still more difficult if they were to look in on a course of lectures. The lecturer will be doing almost all the talking. When anyone else speaks it will be the lecturer who is usually addressed, not other members of the audience. Most of the time, students are engaged in making marks on paper. What sense would this make, if one did not already understand it? It might well be seen as powerful confirmation that, in general, human burbling did not carry detailed 'meanings'. Lectures might be explained as periodic rituals in which certain members of society, who are mostly older, assert dominance over groups of other members, who are mostly younger. This is not so very different from the robin seen by us as maintaining a territory. What we call sermons might be explained as part of a more complex 'dominance-ceremony'. Pop concerts might be another, in which lower-ranking individuals show subservience by dancing, cheering, and clapping. How close our alien observer might be to the truth, and yet how wrong!

The blessings of being an insider will by now be obvious. At the simplest level we already know, for instance, that some sounds are 'language' and others are not 'language'. (Imagine an outsider trying to work out the role of coughs and sneezes.) We know too that language is not uniform, that different forms of speech are found in neighbouring communities or neighbouring political units. Therefore linguistics must also be a science of, in the plural, languages. We know that speech is made up of specific smaller units, which are composed in turn of units such as vowels and consonants. We know too that there is more to language than just face-to-face communication about things immediately before us. Nor is it even necessarily communication. People think and calculate in language, trivially, all the time, as well as, on occasion, profoundly.

These are enormous advantages, if we try again to put ourselves in alien shoes. But the flip-side is that, as insiders, we must struggle hard to be objective. We too are talking men and women; and, for a start, we have no way of talking about language other than through language itself. Our 'metalanguage', as philosophers call a language in which one talks about a language, always has essential properties of its 'object language'. As human investigators we have no escape from this circle. I will try in this book to write 'we' when I refer to us as linguists. I will use other forms, like 'one', when I am talking about people as a subject of investigation. Any 'we' is nevertheless a 'one', and, in the last analysis, every 'one' is also a 'we'. Anyone who says, for example, that the word for 'bird' in French is *oiseau* is, like a linguist, using a language, English, to say something about a language.

A warning about meanings

Let us examine this statement about French more closely. I have written *oiseau* thus, in italics. This is the normal convention that linguists use in citing words and sequences of words, like *les oiseaux* 'the birds', or *J'ai vu les oiseaux* 'I saw the birds'. Another convention is to write translations in inverted commas: thus, for the word on its own, *oiseau* 'bird'. What then do we mean by talking of 'the word for "bird"'? The statement may at first seem quite straightforward. There are many kinds of creature in the world: birds, insects, snakes, and so on. People must be able to talk about them. Therefore any language has to have a word by which each one can be referred to. A word for birds has, we will say, the meaning 'bird'. In English it is *bird*, in French *oiseau*, in Spanish *pájaro*, and so on. But this leads directly to a fallacy, which is so fundamental that it was not until the 20th century that linguists and philosophers finally nailed it. When we talk about a language, we can do so, once more, only through the medium either of itself or of some other language. Our language has a word *bird*, with the meaning, as we say, 'bird'. It is therefore very easy to perceive this meaning as in some way prior to the word that corresponds to it.

The fallacy, in its crudest form, is that words are names for pre-existing categories. The following is a quotation from the Authorized Version of the Book of Genesis, in which Adam, who is still the only human being in the Garden of Eden, assigns names to other species with which he shares it.

> And out of the ground the Lord God formed every beast of the field, and every fowl of the air; and brought them unto Adam to see what he would call them: and whatsoever Adam called every living creature, that was the name thereof.
>
> Genesis 2.19

This is one passage that for many centuries lay at the centre of linguistic thought in Christian Europe. Another was the story later in the same book of the Tower of Babel. The naming by Adam explained the origin of language, as a way of labelling things around us. The second story explained why, as we know it, 'the whole earth' is not still 'of one language, and of one speech'. For, to curb mankind, God had to 'confound' it (11.1–9).

Now this 'confusion', whatever its origin, is certainly with us. There is, however, another way of talking about *bird* and *oiseau*. As words, both are in italics, and each word is used, *bird* in English and *oiseau* in French, in referring to a certain range of creatures. An English speaker might use an expression such as *those birds* to refer to various groups of them; a French speaker might use, of the same groups, an expression such as *ces oiseaux*. These are our basic findings, and they directly concern the way the words are used, first in one language and then in the other. But in presenting them we are again obliged to talk in English, or in French, or in some other human language. We therefore establish a convention by which the meaning of *oiseau* in French can be indicated by a word in English, in inverted commas, whose meaning in English is the closest to it. Thus, from an English viewpoint, we write *oiseau* 'bird' just as, from a French viewpoint, we might write *bird* 'oiseau'. We are not, however, appealing to a prior concept of 'bird', as a meaning that all languages must have in common. The basic relation is again between the words *bird* and *oiseau*, between these and Spanish *pájaro*, and so on.

Once we see things in this light, we are less fazed when precisely common meanings do not exist. Anyone who learns French learns, for example, that no single French word corresponds to English *river*. *Fleuve* is sometimes used when *river* would be appropriate, but often *rivière* will be used instead. Nor, for that matter, do the limits of the use of *rivière* correspond quite to the differences in English between *river* and *stream*. Now French and English speakers have been neighbours for centuries, and their languages have much in common. Even in this illustration we can at least start from a rough correspondence. But in other cases an apparent similarity can easily mislead us.

What, for example, is the word for 'mother' in Navajo? Navajo (pronounced, as it is also written, '**Na**-va-ho') is the language of a people in the Southwest of the United States who have, so far, resisted being sucked into speaking only English. Their traditional culture is not, as we might anticipate, remotely like ours. Yet they too are born of women. We have in English a word, *mother*, that refers to this biological relationship between each person and their female parent. We might well think that, if any 'meaning' pre-exists by virtue of the world we live in, surely that does.

The anthropologists who first worked with this people found that there was indeed a form, *shimá*, by which they could translate English *mother*. But it does not follow that the use, or even a primary use, of *shimá* should be glossed as 'biological female parent'. According to a 1970s account by Gary Witherspoon, the whole cultural emphasis is on the affective action of a *shimá* in both giving and sustaining life. A *shimá* is a being who acts in that way; and, in a society intensely sensitive to the rights of other people and other creatures, every member of a mother's clan is, at one level, a *shimá*. So, at the first in a series of less general levels, is every member who is female. The term is often qualified: for example, *shimá yázhi* can, though it does not always, translate *aunt*. Nor should we assume that a *shimá* is necessarily human. For it is not just people that give and sustain life. So, for example, does a cornfield or a flock of sheep; and each of these is a *shimá*. So does the earth itself, and the earth too is a *shimá*.

'Aha!', we say, 'but when one talks of "Mother Earth", one does not mean that the earth is literally a parent.' Certainly in English, where *mother* is used primarily in reference to a biological female parent, that expression can be seen as secondary. A dictionary will first give the primary definition; then a series of extended senses, in which the same word is applied to someone else who acts in part like a mother, to an object from which a run of other objects is reproduced, and so on. But, in the traditional culture of the Navajo, the earth is not perceived as merely 'like a *shimá*'. In Witherspoon's words, it is 'not only an actual mother but . . . also the greatest of all mothers'. For the earth itself is a living being who created the earliest Navajo people and continues to sustain her children. At this point we have barely scratched the surface of the cultural-cum-linguistic system in which *shimá* has its place. The example does, however, make clear that we cannot take a word in our own language and assume that there are forms in any other language that can be placed in simple correspondence with it. Still less can we take a word like *mother* and project from it a meaning 'mother', defined by other meanings such as 'female' and 'parent', which we assume that any language must distinguish from others. 'Meanings' are not simply given in nature, or in the way the world itself is. They are bound up with a culture of which language is one aspect.

The moral we draw is not just that one language can be strikingly different from another. We must also train ourselves to look objectively at what is said, in our own language or in our own culture, about language. The tradition that words are names has deep roots in our history, in Ancient Greece as in the Bible. It is therefore natural for us to think that, just as *Mary Smith* can be the name of someone who is visibly there, *bird* or *mother* or *love* are 'names' for what must, in some similar sense, be there. It is also natural to say what words mean in another language by putting words in our own language in inverted commas. When we say accordingly that *oiseau* 'means "bird"', we are tempted to think that a meaning 'bird' is something out there to which *oiseau* is related. We are tempted to say, by the same logic, that *bird* too 'means "bird"'.

Is that last statement strictly empty? I have not said that it is, and many colleagues would object if I did. It is harder, however, to be level-headed about meaning than it is in talking about words themselves, or smaller units such as vowels and consonants. Are these, at least, straightforward?

Words

That there are units like *bird* we can take for granted. We are, after all, not alien observers, but human beings whose investigation has more than a head start. But if we do not watch what we are saying, a head start can easily turn out to be a false one. The way I am now writing about language is, of course, in writing. It was therefore natural to identify such units by a word in writing: *bird*, *mother*, *oiseau*. It was indeed entirely harmless and it would have been silly to do otherwise. But what is harmless for one purpose can be prejudicial for others.

It is notorious that written English can be an appalling guide to forms as spoken. The *ome* of *come* does not rhyme with the *ome* of *home*; the vowel of *call* is like that of *haul*, where it is written *au*, *bought*, where it is written *ou* or *ough*, and so on. It will therefore be helpful at times to supplement the usual spelling with the kind of transcription often given, in square brackets, as a pronunciation guide in dictionaries. *Come* and *home* are thus, in the form of Southern British English represented in *The Shorter Oxford English*

Dictionary, [kʌm] and [həʊm] respectively: the [ə] and [ʊ] of [həʊm] indicate a vowel whose quality changes from beginning to end. *Call* is similarly [kɔːl], where [ː] is a standard indication that a vowel is long: compare the shorter vowels in [kʌm] (*come*) or in [kɒl] (*col*). Likewise, *haul* [hɔːl], *bought* [bɔːt]; also, in this form of English, *cork* [kɔːk] or *pour* [pɔː].

The letters conventionally placed in square brackets are those of the International Phonetic Alphabet (or IPA), designed for use in transcribing any language. A symbol like [ʌ] has accordingly an absolute value, to which the vowel in *come* is reasonably close. The IPA is nevertheless itself a system of writing and, unless we take care, it is easy to assume that each word, as it is usually written, can be transcribed separately. *She will come*, for example, is three words: *She*, or in IPA [ʃiː], plus *will* ([wɪl]), plus *come* ([kʌm]). In *She'll come*, the '*will*' is no more than an IPA [l] (*'ll*): is this also three words?

An alternative is to see *She'll* as just one word: in IPA [ʃiːl]. Compare, for example, *feel* [fiːl]. The argument against this is that, as the apostrophe in the spelling indicates, *'ll* is a reduction of a fuller form *will*. But now take a word like *blackberry*. In writing it is clearly *black* plus *berry*, each of which is also written separately in, for example, *a black berry* ('berry which is black'). How come, then, that it is now one word and not two? The facts are that, as a separate word, *berry* carries relative stress on the first syllable. 'Berry which is black' is thus phonetically ['blak 'bɛrɪ]: the symbol for stress in the IPA, which now appears for the first time, is a vertical line ['] marking the transcription of both *black* and *ber-*. In *blackberry*, however, there is much more stress on *black*; and, in many forms of English, *ber-* then loses its [ɛ]. In place of it, there may be a vowel [ə] (called in the trade 'schwa'), which is often found in syllables without stress: in IPA ['blakbərɪ]. The [ə] is like the second vowel of, for example, *butter* ['bʌtə]. Alternatively, *ber-* has no vowel: ['blakbrɪ]. The argument then, in this case, is precisely that the '*berry*' is reduced. Even then, however, we do not spell things consistently. Why is *hot dog* not consistently *hotdog* (['hɒtdɒg]), or *monkey puzzle* not *monkeypuzzle*? Why should, for example, *boyfriend* (['bɔɪfrɛnd]) also be written *boy friend*?

Now imagine you are faced with a language no one has yet written. You find expressions that you know mean something like, in English, *She'll come*, *They arrived*, or *I'll have eaten*. How many words, then, are they? You cannot tell from their translations, since there are languages in which all these would correspond to single words, while, in English, the number varies. Such problems were often faced by European missionaries and administrators when they began to write the languages in, for example, southern Africa. Some tended, in practice, to be lumpers and others to be splitters, even when the languages were actually very similar. One problem, obviously, for linguists is to try and make explicit what 'words' are, and the criteria by which they are divided.

Linguistics as a 'science'

To study language 'scientifically' is, in part, to refuse to accept uncritically, or 'unscientifically', the ways of thinking that, ahead of any professional training, we all bring to it. We must strive to be as objective as we can, about individual languages and the nature of language in general. It is hard, but can be marvellously liberating.

'Science', however, is a word with many senses, and is often regarded as in opposition to what are called in universities 'arts' subjects or subjects in the 'humanities'. Our picture of a 'scientist' is quite likely of a man or woman working in a laboratory, with ever newer and more pricey instruments, who conducts experiments or develops mathematically sophisticated theories. A scientist's work then spins off into new technologies or inventions. Our stereotype of 'arts' subjects is of people working at their desks or in a library, synthesizing knowledge, exercising judgement, trying to develop insight. Before they leave school, many students who go on to university have already been directed into subjects on one side or the other. By the time they have taken their degrees, the other may be closed to them.

Linguistics straddles this institutional rift. It clearly has its 'arts' side, and its links with other subjects in the humanities. Some linguists, for example, are historians of languages; others work quite closely with philosophers. It also has links with the 'social' sciences, especially sociology and anthropology. Yet it has its 'science' side too, in the study especially of the sound of speech and how it is produced and perceived. Many have come to university with a vague idea of what it might mean to read, for example, Modern Languages, and have found in two or three years that this side of linguistics was what really fascinated them.

Boundaries between 'science' and the 'humanities' are in the end no more than a distraction. For what is the study of language but a 'science', practised once more by insiders, of something that lies at the heart of being 'human'?

Chapter 2
'*Homo loquens*'

From a linguist's viewpoint *Homo sapiens*, the 'rational' or 'knowing' species, is above all *Homo loquens*, the 'talking' species. No other aspect of behaviour is so strikingly peculiar to man (*Homo*).

Our nearest living relatives are two species of chimpanzee and the gorilla; then the other apes and, beyond them, other primates. These are animals whose behaviour can be watched and heard on TV, and is at times very noisy. Their calls, however, seem to form a limited repertoire. They also communicate in other ways, through facial expressions, hand movements, touch, and so on, and in that respect, at lcast, our species is still like them. Where we differ is precisely in the role of language. In Fig. 2 a female chimpanzee is seen quietly picking ticks or insects from another chimpanzee's hair: this is behaviour that primatologists call 'grooming', and who grooms who famously depends on social standing and the alliances or friendships that each animal forms with others. Now think, for comparison, of two women who are close friends. They might be cooking a meal together, and that itself is part of the continuing relationship between them. It is unlikely, however, that they will be silent. If they are married they may talk about their husbands or their children; they may plan a visit to the seaside, or discuss some intellectual topic that bears no direct relation to anything else they are doing. Where the micro-fabric of chimpanzee society is maintained by grooming, that of '*Homo loquens*' is maintained above all by speech.

What was the origin of this behaviour that is now so central to us? The genus *Homo* also includes earlier species now extinct: *H. habilis*, which is the first assigned to it, has been identified by fossils in eastern and southern Africa dating back 2.5 million years. Still earlier fossils belong to a line of 'hominids', or primates that are more 'man-like' than 'ape-like'. This form of vocal communication may not, therefore, have developed only in our own species, which emerged much later, or in its own immediate ancestors. Its development has nevertheless been very rapid. The hominid line was separated from that of the chimpanzees no earlier, on evidence that includes so-called 'molecular clocks', than 5 to 8 million years ago. That, as the processes of evolution go, is not a very long time. Yet we are talking about major differences between surviving

2. Grooming in chimpanzees.

species that must have originated in this period, and perhaps one even shorter. Were the changes that gave rise to language gradual or sudden? What advantages and costs might they have had? How much can we know, or guess, about what actually happened?

The structure of speech

Language is vocal. To be precise, it has evolved as primarily vocal, in an animal that cannot have been at crucial risk from predators through being heard while chattering. In the last 5,000 years it has also been written, and in societies like ours writing has a life of its own. Even today, however, in countries we call 'civilized' or 'developed', many people are effectively illiterate. No one would describe us as the 'writing' species, '*Homo scribens*', rather than the 'talking'.

We should be careful, therefore, not to think of speech as if it simply had the properties represented in our own or other writing systems. It is often, for a start, quite closely integrated with non-vocal behaviour. While talking, people smile or scowl; may beckon, or point at things they are referring to; may move their heads or do things with their hands in ways that are not random. Some gestures, like the one made innocently enough in Fig. 3, could be interpreted differently in different societies. Speech itself may be appropriately loud or quiet, rapid or deliberate, high-pitched or low-pitched. Imagine a mother calling by name her child, Peter, who is playing outside. He hears her, but perhaps pays not the least attention. She may then repeat his name, but in a more insistent tone of voice: possibly louder, with the vowels both longer and produced at a more level pitch, or with the overall pitch lower. The tone of voice is also central to a 'grooming'-like role, in maintaining family ties and friendship. Ordinary talk is often closely coordinated, in pitch and rhythm and loudness, among people who know each other well. A novel or a film script, for example, can at best hint at such features.

3. A hand gesture. The subject is simply beckoning impatiently: 'Come on! Hurry up!'. But would it always be interpreted in that way, in all parts of the world, in all contexts?

Nevertheless, the ones that speech and writing tend to have in common are the most significant.

The most obvious is that speech includes words. In more general or more neutral terms, its structure distinguishes repeated individual units with repeated individual meanings. The same unit *Peter*, for example, can be used to refer to the same individual in many different combinations, after *likes* in (in writing) *She likes Peter*, after *at* in *She looked at Peter*, before *likes* in *Peter likes her*, and so on.

Words, in turn, have their own structure. *Peter*, for example, can be analysed as spoken into a consonant [p] (*p*), followed by a vowel [iː] (*e*), followed by [t] (*t*), followed by [ə] (*er*): with stress added, [ˈpiːtə]. These smaller units will again form other combinations: [p] with, for example, a following [ɪ] in [pɪt] (*pit*); with a preceding [iː] in [hiːp] (*heap*); with a preceding [ɒ] and following [ə] in [ˈkɒpə] (*copper*). As such, however, these do not have individual meanings. Language therefore has two layers of structure. Units that have meanings form specific combinations on one level, and they in turn include specific combinations of still smaller units, which in themselves are without meaning.

No vocal structure like this seems to have evolved in chimpanzees or any other living primate. It is the key, moreover, to the remarkably efficient system of communication that our species now has.

We can see this best by trying to imagine simpler systems. The simplest of all would have neither 'words' nor units such as vowels and consonants. Imagining it does not perhaps require much effort: it would to that extent be like the repertoires of 'calls' distinguished in other primates. Like them, it would at best be seriously limited.

The calls could, individually, be complex. One individual might point, for instance, to another and produce a low-pitched growl whose pitch then rises. This might signal, say, that 'he' or 'she' is sick. To communicate that 'he' or 'she' is being naughty, one might produce instead a high-pitched giggle. To communicate that one is oneself sick, one might produce a series of barks followed by a sigh, and so on. Yet the differences would be between calls as wholes only. In the last example, the barks are not on their own a unit with a meaning 'I'. The sigh, in turn, does not have a meaning 'sick'; for 'he' or 'she' being sick there is no sigh.

Could such a system be successful? It is implicitly unlike primate calls in that, to distinguish signals like these, the repertoire would have to be much larger. How then could that be achieved? One way, in principle, would be to rely on ever finer differences: some growls, for instance, might be at a higher pitch or might be longer than others, some communications might have five barks and some six. The need, however, is not merely for distinctions, but for ones which will ensure that signals are not easily confused. The finer the differences, the greater the risk that they might be. One might, for example, mistake a low growl in a juvenile for a higher growl in adults, or miss one bark in a series. Another solution would be to make the utterances longer or more complex. But that too faces a limit, if the complexity is not to develop into something like that found in actual language. Think especially of warnings: what in other species are 'alarm calls'. They must be clear but, obviously, they should not be too long. It seems more efficient to have a single call that signals that some scary land animal is somewhere in the vicinity (which is the kind of thing that actual primate calls do seem to signal) than several calls that would distinguish, by the time one has got to the end of them, a lioness at running distance in grass on the left, or a pack of six hyenas straight ahead.

The obvious alternative (to us) is to distinguish separate 'words' for lionesses, grass, and so on. Let us therefore imagine another system which to that extent is similar to language; but the words do not in turn have smaller units such as vowels and consonants. A statement that Peter is sick might, for example, have two parts: low growl ('Peter') plus giggle ('sick'). To say that Mary is happy, one might produce a bark ('Mary') plus a whistle ('happy'). To say instead that Peter is not sick, one might add a rising growl at the beginning: rising growl + low growl + giggle. To say that Mary is not happy, one would add the same growl in the same place: rising growl + bark + whistle. Yet none of these growls or the like would have within it smaller distinct units, like the [p] or [iː] of *Peter*, forming new words in new combinations.

This is clearly, from our human viewpoint, an improvement. The problem, however, is that if the stock of words is too large, there is again a danger that they may be misheard. How many growls or barks or whistles would the system be able to distinguish before the signal that Peter was sick risked getting confused, when everyone was talking at once, with a signal that the baby was crying or his brother out hunting? Or before the words themselves got too long?

We do not need to answer these questions to appreciate why the system that has actually evolved is more efficient. A unit such as *sick* or *happy* is made up of smaller units which are individually combined in umpteen others, still short. The vowel and consonants of [sɪk] (*sick*) will make up, in a different order, [kɪs] (*kiss*): the square brackets again enclose transcriptions in the International Phonetic Alphabet. A shifting of the stress ([ˈ]) in [bɪˈləʊ] (*below*) will form [ˈbɪləʊ] (*billow*). They do not combine, however, in just any order: a word in English can begin with, for example, [sk] (*skin* or *skill*), but not [ks]. Even then the possible combinations are so many that not every one need have a meaning: English has no word *zick*, for example, alongside *sick* and *zip*. It is also important that these smaller units have no meaning on their own. *Sick*, *zip*, and so on all have the same vowel, [ɪ] (*i*). But its role is simply to distinguish one word from another: *sick* from, for example, [sɒk] (*sock*), *kiss* from [kʌs] (*cuss*), or *billow* from [ˈbɛləʊ] (*bellow*). Nothing in the meanings of the words as wholes is correlated with it.

Redundancy

This last feature is important above all in ensuring that the structure of speech is sufficiently 'redundant'. A physical structure, like a bridge, is redundant in an engineer's sense if it is built with more components than the minimum needed for it to stay rigid. The advantage, of course, is that it will not fall down if one component cracks or is broken. Redundancy is likewise built into the hardware, for example, of computers: they will still work when, inevitably, there are failures in some circuits. The advantage of redundancy in language is that speech is rarely misheard, and the role of smaller units such as [s] and [ɪ] is crucial to it.

One fantasy that goes back for millennia is of a 'language' in which forms of words do systematically reflect their meanings. In English, for example, some words both begin with *gl* and refer to phenomena of light: *glow*, *gleam*, *glitter*, or *glare*. This is not carried through consistently, since many words without *gl*, such as *shine* and *dazzle*, also refer to phenomena of light, and many with *gl*, such as *glove* and *gloat*, do not. Let us try, however, to imagine a system in which similar forms and similar meanings do go regularly together.

The box overleaf shows just a fragment. A word begins with *n* if it is used of physical objects; one which is used of something abstract might begin instead with, say, *m*. The first vowel, *e*, appears in words for physical objects that are specifically of the vegetable kingdom, and a following *b* in those for ones that are edible. All the words, then, in our sample begin with *neb*. There are then distinctions between vegetables in the ordinary sense (*a*) and fruit (*e*), between bulbous vegetables (*p*) and green vegetables (*t*), between soft fruit (*s*) and fruit with stones (*f*). Only through the last vowel are specific kinds distinguished. This is not, in fact, pure fantasy but is inspired by part of an actual project devised by George Dalgarno in the 17th century. It is obvious, however, that it would be less efficient than the kind of system that has actually evolved. Think, for example, of a shopper trying to buy fruit and vegetables in a noisy market. One might ask for a kilo of nebapa (onions). But if a single vowel or consonant was misheard, one might easily get a kilo of garlic (nebape), or of sprouts (nebata) instead. Such mistakes are far less likely to happen in real language. Of the corresponding words in English, only *strawberry* and *raspberry* are partly similar, and only because both end in [bərɪ] or [brɪ]. The chances that *a kilo of onions* (['ʌnjənz]) might be confused with *a kilo of garlic* (['gaːlɪk]) are negligible.

Nor can words in real languages be used in any order; nor, within words, are the consonants and vowels combined in every possible way. That means still greater redundancy. Take, for example, the words *a bad meal*. In ordinary, rapid speech, the [d] of *bad* and [m]

Why are words not like this?

nebapa	**'onion'**	**nebesa**	**'strawberry'**
nebape	**'garlic'**	**nebese**	**'raspberry'**
nebapi	**'leek'**	**nebesi**	**'grape'**
nebata	**'sprouts'**	**nebefa**	**'cherry'**
nebate	**'cabbage'**	**nebefe**	**'plum'**
nebati	**'spinach'**	**nebefi**	**'apricot'**

of *meal* may overlap: look in a mirror, if you are doubtful about your own speech, to see when the lips close. Although [d] has been produced it could itself, in principle, be heard as [m], or as [t] or some other consonant; in the extreme case, not at all. What is said could not, however, be *a* [bam] *meal* since there is no word *bam*. It could not be *a* [ba] *meal* since not only is there no word [ba], but [a] cannot in any case end a word without a final consonant. It could not be, for example, *a* [bat] *meal* since, although there is a word *bat*, it does not make sense in this combination. Even if the [d] is totally obscured, what is said could only be *a* [bad] *meal*.

The redundancy of language is so great that writing systems often show just one part of its structure. A reader must be able to distinguish units like words, but one obvious method to represent them is as wholes. We use this method, for example, in arithmetic: 2 (read [tuː]) + (read [plʌs]) 3 (read [θriː]), and so on. It is also the basis of the system used for Chinese (see Fig. 4), though individual characters can be complex in a variety of ways. Other systems represent in principle the smaller units of which units like words are made up. Among them is, of course, the alphabet, and in modern practice words are then distinguished by the spaces between them. These spaces, though, are strictly more a help than a necessity. Fig. 5, for example, illustrates how Latin and Greek were

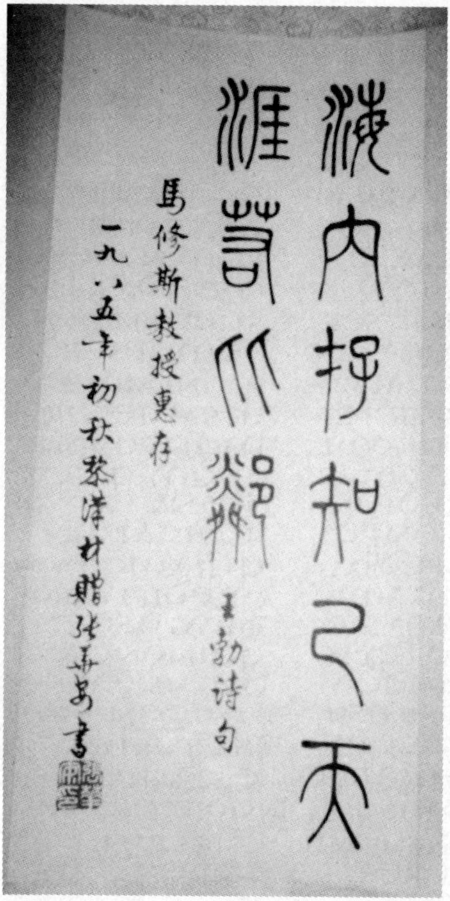

4. A Chinese scroll. The main text, in the form of calligraphy called 'seal script', is a couplet from a celebrated poem by Wang Po (7th century AD). The characters read in columns from top to bottom and from right to left, and each represents a unit of meaning which can be given its own gloss: first couplet *hai* 'seas' + *nei* 'within' ('in this world') *cun* 'preserve' ('live on') *zhi* 'know' + *ji* 'self' ('[people who] appreciate one'); second couplet *tian* 'sky' *yai* 'margins' ('the margins of the sky') *shi* 'is' *bi* 'group of five households' + *lin* 'neighbour' ('close neighbours'). The wording is allusive and laconic, in a literary style much valued in the society for which Wang Po was writing. The meaning is to be understood, however, as 'so long as' X (first couplet) 'then' Y (second couplet). In a free translation: 'Yet as long as true friends continue to exist, the ends of the earth are as close neighbours'. This fine example of two forms of calligraphy was presented to me, an ignorant westerner, by a visiting scholar.

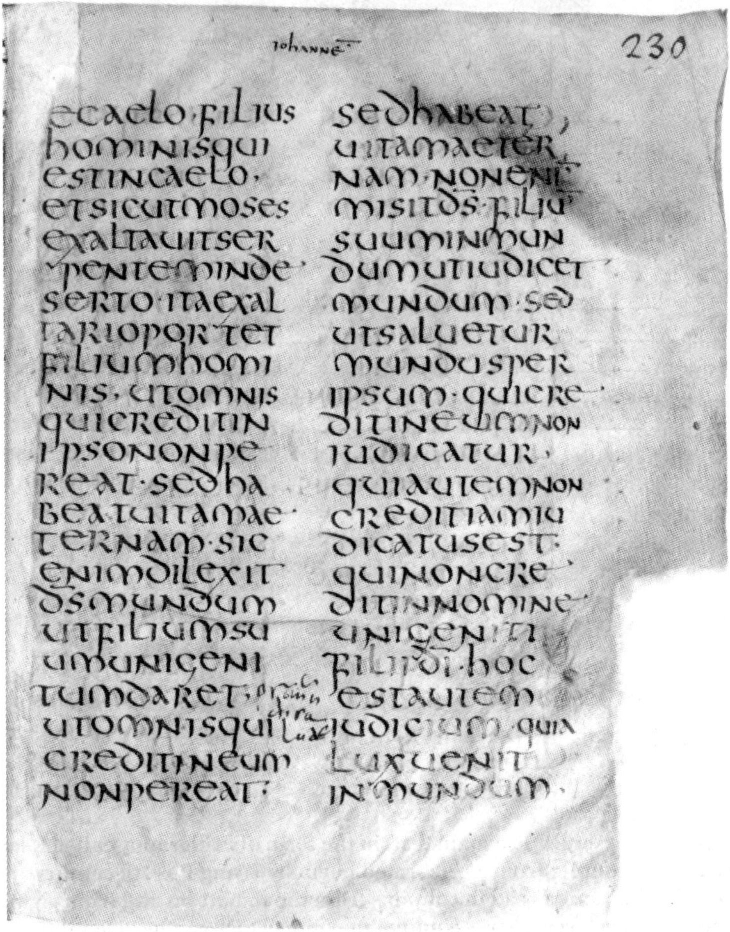

5. A page from a Latin Bible. The sentence between punctuation marks in lines 10–13 of the first column reads: *ut omnis / qui credit in / ipso non pe/reat* 'that everyone who believes in him may not perish'. Note the line division in the middle of the last word (*pereat* 'may perish'). The manuscript was written in the 7th century AD, in letters of the type called 'uncials', and is in the Vatican Library.

written in manuscripts for centuries, exactly as if a modern publisher weretotrytosavepaperbyprintingbookslikethis. The structure of language is so redundant that we can still read it, and that is indeed how people who were trained to do it did read, slowly and, originally, aloud.

How might '*Homo loquens*' have evolved?

Can we say anything with confidence about the origin of language? One current theory starts from the role of grooming (Fig. 2) in the social behaviour of related species. In many other primates social groups are quite small, and, so long as they do not get too large, this is an efficient means of forming and maintaining relationships. Human societies, in contrast, are not small, and the suggestion is that over time larger groups evolved in which relationships were maintained instead through complex forms of verbal behaviour. 'Language' was a more effective way of holding such societies together.

'Language', however, must be put in inverted commas. Complex forms of vocal behaviour are not necessarily language as we know it, and, if language-like forms of communication may have had that role in the beginning, what has since evolved has many others. There is no strict analogy between language, not now in inverted commas, and anything we observe in other primates. Nor are there evident homologies. Homologies exist where similar features have a common evolutionary origin: human arms, for instance, are homologous with the front legs of quadrupeds. There are also homologies in behaviour, in the calls of primates, among others, whose lines have been separate for longer than ours and the chimpanzees'. Analogies exist where features that may have a different evolutionary origin have similar functions: a bat's wing, for example, is analogous to that of a bird. Our basic problem is that, where language is concerned, there are no similarities of either kind that we can latch on to. It is therefore difficult to rule out any plausible theory. Some have even suggested, for example, that the structure of language originally evolved in complex kinds of gestures, and that it was only later that a similar complexity developed in a spoken form.

A less speculative question is what kind of evolution we are primarily concerned with. In other species, there is little doubt that behaviour is in part genetically inherited. For some we know that it is also, in part, learned through experience: one kind of evidence for this can be seen when behaviour varies from one troop of monkeys, for example, to another. Beyond that, however, behaviour is explained by genetic evolution. Individuals behaving in certain ways have had greater reproductive success; their offspring have inherited their genes and behaved similarly, and so on.

In the case of language we are insiders, and are well aware of what can only be learned through experience. If I grew up speaking English, it is because my experience as a child was of people around me who themselves spoke English. If a baby of English-speaking parents was to be adopted and taken to France by a French-speaking couple, it would as readily, with the same genes, grow up speaking French and not English. One is not genetically 'programmed', as it were, to speak English, French, or any form of speech in any particular community. Our problem then is whether that is the whole story. Particular languages are a product of 'cultural' evolution, of cumulative interactions within human societies, independent of genes. To what extent, despite that, has the structure of speech in general evolved through genetic inheritance?

There are two independent ways to approach this question, neither at all easy. One way is to ask how language is now learned by children. Can we explain its development entirely by a process of learning through experience? In the view of Noam Chomsky, in particular, we cannot. The crucial period in which speech develops is quite short, and in normal children it develops uniformly, with few even relative failures. What develops is remarkably complex, especially in the patterns in which units like words are combined.

These vary greatly across languages, but certain kinds of pattern always seem to be excluded. The question then is whether that can be, in any strict sense, learned. The experience of language actually available to children is no more than what they hear, what is said to them, and how people react when they themselves speak. Although there is 'learning', this does not amount to systematic 'teaching'. Yet adults know not just how words can be combined, but also that specific kinds of combination are impossible. Is the input from experience a sufficient basis for this?

The answer, according to Chomsky and many linguists who have followed him, is no. There must, in addition, be a set of abstract principles of language which are strictly not learned but genetically inherited. The development of language in a child is thus to be explained by interaction of the input from experience with the structures these principles determine.

If Chomsky is right, the basic puzzle is the evolution of these structural principles, through genetic changes. 'Language-like' behaviour could still have evolved in earlier species: perhaps as early as *H. habilis*, whose fossils are associated with stone tools. Language as we know it must, however, have evolved in *H. sapiens* alone. In one seductive view, language first appeared in a particular population that palaeontologists classify as 'anatomically modern'. This population can be dated back some 100,000 years, and with it structurally modern language would have spread across the globe, as all other *Homo* species or subspecies lost out through their failure to compete successfully. The time-scale for its evolution is so short that, in one extreme view, we are forced to posit chance genetic changes.

The opposite way to approach our problem is to find out whether language could, in principle, have evolved through cultural processes. One method, therefore, is to run computer models of a population, in which individuals communicate with one another under constraints such as those implied in this chapter. There might be built-in pressure both to maximize the variety of messages that can be transmitted and to minimize their length, while again maximizing redundancy. As the population changes, it could also be constrained to maximize the ease with which a system can be mastered by new members. A computer simulation could then run for any number of generations, and the question would be how far language, or particular features of it, could evolve by gradual adjustments that would tend to optimize communication. One simulation, for example, argues that three-way distinctions among vowels, between an '[i]'-like sound, an '[u]'-like sound, and an '[a]'-like sound, could have emerged in that way.

Did language originate just once or more than once? That question too has often been asked, and the answer must be that, the more we posit rapid changes in genetic inheritance, the more it makes sense to assume a single origin. The more, however, we posit cultural evolution, the more talk of 'an' origin may mislead us. Our last near relative in Europe was the species (or subspecies) *H. neanderthalensis*, which became extinct a few tens of thousands of years ago. Neanderthals may well not have had a 'language', under a strict definition: it was argued in the 1970s that their anatomy did not, for a start, allow a range of vowels like ours to be distinguished. Under a wider definition, however, we can make a reasoned guess, from archaeological evidence of other kinds of behaviour, that they did. It is also possible that some general properties of language could have first emerged, through pressure to communicate effectively, in different human populations.

'The proper study of mankind', in the words of Alexander Pope, 'is man'. The line is sometimes torn from its context ('Essay on Man', II, 2); 'presume not', in contrast, 'God to scan'. For many linguists, their proper study is the structure of language as it now is, and it is presumptuous to suppose that we can understand how it evolved. But to think about the problem is at least a good way to appreciate what has made our species so remarkable.

Chapter 3
Language in time and space

The words people use are never fixed for all time. *Grotty*, for example, was a new word when it was coined in Britain in the 1960s, and the usage of many speakers of English who were alive at that time has changed to include it. *Gay* in the sense of 'homosexual' seems to have had its origin in prison slang, and in 1950s Britain could still be explained, in a passage cited in *The Oxford English Dictionary*, as 'an American euphemism'. It has since become familiar, however, even in the speech of many older people who, when they were young, had known it mainly in such phrases as *gay bachelor* or as Wordsworth used it ('A poet cannot but be gay') in his poem about daffodils. *Wireless* or *wireless set* were normal terms in Britain, for speakers young in the 1940s or 1950s, for what is now a 'radio'. The use of *wireless set*, especially, is now vanishingly rare, even in the speech of people who once used it commonly.

This is not the only way in which speech changes. The accents heard in old films, such as 'Brief Encounter', or in old recordings, such as the announcement by Neville Chamberlain of the beginning of the Second World War, would be quite unnatural in the speech of anyone alive now. On a longer time scale, we can study written texts reflecting speech in earlier periods. These show not just that every language does change, but that changes are of many different kinds, and that ways of speaking can, over time, change beyond recognition.

Look, for example, at the first sentence in the box opposite. It is obviously in English: there is no need to translate it and, if the young woman who wrote it could be resurrected, her accent might not be so strange that we could make no sense of what she was saying. Nevertheless her language is not wholly ours. If she were alive now she would probably not say *diverse*; nor does *message* typically have the sense it had then, of a verbal communication sent through a messenger. Nor would *again* be used, as it is used here, to mean 'in return'. Her phrasing too would be a little different. *Had*, in particular, would now come after *never*: *I never had*, or, still better, *I have never had*. *Answer* now needs some word such as *an* before it: *have never had an answer*, or *have never had any answer*. Yet this is from a perfectly ordinary letter (of which we have many) of that period.

Now look at the second sentence. This again is 'English', in the sense that forms of English spoken now have developed gradually, over a thousand and more years of change, from this and other forms then current. Once we know this we can see, for instance, that *heofonum* must be an earlier form of *heaven* or *heavens*, and, knowing the now largely obsolete word *hallowed*, we may just about make that out in *ȝehalȝod*. But to read Old English one must learn it just as one might learn, for instance, to read German, and if the people who spoke it could be resurrected only a specialist who was very well prepared might have the faintest hope of understanding anything they said. Nor would Dorothy Plumpton have made much of it, although she lived far nearer to their time.

As language changes over time, so it varies from one human population to another. English is different from French or German, and still more from Japanese or Navajo. It can itself be spoken with a Scottish or Australian or other accent. Such facts are so obvious that it is tempting to take them for granted. Why is it, however, that while language (singular) is the same for every member of our species, languages (plural) are so very different? Why is it

Sentences in Middle and Old English

I have sent you diverse messages and writings, and I had never answer again.

(Late Middle English, from a letter by Dorothy Plumpton to her father, mid-15th century. The spelling has been modernized. The term 'Middle English' is used of texts in English roughly between 1100 and 1500.)

þu ure fæder þe eart on heofonum sy þin nama ʒehalʒod.

(Old English, beginning of the Lord's Prayer, in a version from around 1000. *Heofonum*, for example, would have sounded roughly like, in phrasebook style, 'hair-von-oom': in IPA [ˈheəvɔnum]. The first word (IPA [θuː]) is an earlier form of *thou*: compare *du* in German. *Sy* ([syː]) is the appropriate form of the verb 'to be' (lit. 'be thy name hallowed'). The term 'Old English' is used of texts before 1100: thus, in particular, before the conquest of England by French-speaking Normans in 1066.)

that two different speakers of a language such as English, who can understand each other with no difficulty, may not speak exactly in the same way?

The immediate answer is that variation is a product of change. The English of St Boniface (or Winfrith), who converted much of Germany to Christianity in the 8th century, would have been much closer to the language of his converts than, more than a millennium later, any form of Modern English is to any form of Modern German. He was, in the general term that he himself used when he was writing Latin, 'German'. Go back five centuries earlier, to a time before the English tribes migrated into Britain from the Continent, and the variation would have been more clearly among dialects of a common language. Since then, however, the two populations have been largely separate. As their forms of speech changed, they changed independently. Therefore the languages in turn have separated.

Variation is not only geographical. If someone who speaks English also speaks German, their behaviour will be different in this way from that of someone who speaks only English. There will also be a variation in their behaviour, depending on which language they are speaking. If they first spoke English in their childhood and spoke German later, their behaviour changed as they did so. If eventually they speak German more than English, their behaviour again changes. These points are so obvious that they scarcely seem worth making. But speech also varies across dialects and accents, and there the case is much more interesting.

Variation in detail

We can understand this best through an example, which has as its centre what was in its day a pioneering study of the English spoken in New York in the 1960s, by William Labov.

The background to this illustration is the difference, within English, between accents with an 'r', and others without 'r', when not followed by a vowel. After *o*, for example, words like *sport* or *pour* have an *r* in the spelling, and this would once have represented [r], in an IPA transcription of speech, throughout the area in which English was spoken. It still represents an [r], whose quality varies audibly, in Scottish English or in what linguists describe as 'General American'; also for many speakers in, for example, the southwest of England. Thus, for the majority in North America, these words are phonetically [spɔːrt] and [pɔːr], and there is a difference between, for example, *pour* (with 'r') and *paw*, phonetically [pɔː] or [paː], (without 'r'). There is also a difference between the ends of words like *shiver* (['ʃɪvɚ]), where the final vowel sounds 'r-like' or 'r-coloured', and *Shiva* (['ʃiːvə]).

There was a change, however, in the English of southern Britain which we know was well established by the later 18th century. In the form now normal, *sport* ([spɔːt]) rhymes with *ought* ([ɔːt]), and *pour* and *paw* are both [pɔː]. An 'r' in *pour* will show up when it is followed by a vowel, in *pouring* (['pɔːrɪŋ]) or, for example, *pour out* (['pɔːr'aʊt]). It can also appear, however, in a word like *pawing* or *drawing* (['drɔːrɪŋ]), even though in earlier periods, as reflected in the spelling, these words never had one. It is still more usual for a word like *Shiva* or *America* (['ʃiːvə], again, or [ə'mɛrɪkə]) to have a 'linking r', as it is called, when the next word begins with a vowel: [ə'mɛrɪkər'ɪz] (*America is*), rather than [ə'mɛrɪkə'ɪz]. When they do, they are again no different from such words as *shiver* and *butter*, which had 'r' historically: ['bʌtər'ɪz] (*butter is*). In this accent these too are without [r] when not followed by a vowel: ['ʃɪvə], ['bʌtə].

Map 1 gives a rough indication of the extent to which this partial loss of 'r' is found in local dialects. The change also spread to coastal cities in the east of North America, which had been colonized earlier, and was carried later into the forms of English that developed in Australia, New Zealand, and South Africa, from the 19th century onwards. It is clear that we could guess a great deal of its history, even if we now knew no more than how forms without 'r' are distributed.

A map, however, is at best a simplification. Map 1, to repeat, is of the distribution over local dialects. It therefore represents the speech, in any given area, least influenced by English as it is spoken anywhere outside that area. We should not read it, therefore, as suggesting that, at the time the survey was carried out, all people living outside the striped area pronounced an 'r' in such words, while everyone within it did not. That would have been nonsense then, as it is now. To talk of a single change is also a simplification. We could try to discover the routes by which this loss of 'r' spread from one group of people to another. Did individuals, however, who had regularly pronounced 'r' in the past suddenly, at some moment

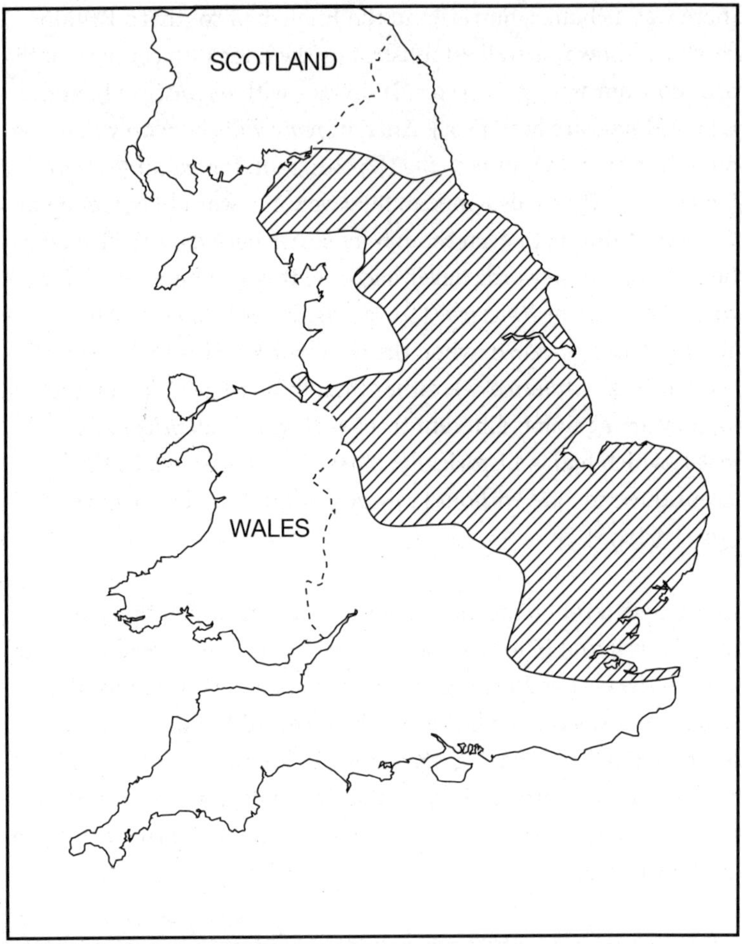

Map 1. English dialects without [r] at the end of a syllable. The striped area, without [r], is continuous. From a map by Jack Chambers and Peter Trudgill, based on the *Survey of English Dialects*, by Harold Orton and others.

in their lives, start to pronounce it no more? That is hardly plausible. But what might, in detail, have been true?

Labov's work in the 1960s came as an eye-opener. What it showed was not just that an individual's speech may vary. That might be expected from experience or common sense. The point was that it varied systematically, and not just when there was evidence that changes like this were in progress.

The English spoken in New York City had been studied by other linguists, and the history of 'r' in such words was in part known. Earlier in the 20th century it was not in general present. This was one area, therefore, where the pattern found in 'General American' had not held. By the 1950s it was clear, however, that things were not so simple. Many people native to the city did at times pronounce 'r' and at other times they did not. In that way there was variation, as again one might expect when speech is changing. The question, then, was whether it was random. If not, what exactly was happening?

In Labov's account, the frequency of 'r' was tied in with its social status. Its presence was, in his terms, a 'prestige' feature: the more one pronounced it, the less uneducated or of lower social status one would sound. He therefore expected it to be more frequent at a higher social level; also, for example, to be more common in careful speech, especially at that level, than in casual conversation. The change was what Labov called change 'from above'. It took place least or slowest at the lowest social levels, where people would be under minimal pressure (for the sake of their career, for instance) to produce prestige forms. At the highest level, people who were then old might once have pronounced 'r' rarely. They would now, however, be those under the most pressure to do so. Since the change was still quite recent, 'r' should also not just be more common at that social level, but most common of all in younger speakers.

Much of this was confirmed by the simplest of studies. Labov chose three New York department stores, one up-market, one down-market, and one in the middle. He simply visited each and asked the staff of all three, up and down the building, where he could find a department that he knew was on the fourth floor. Mostly, therefore, they would answer with the words *fourth floor*, both with potential 'r' or 'no r'. Each time he pretended not to have heard, and, by begging pardon, got them to repeat the direction more emphatically. Now he had anticipated that, the more up-market the store, the more salespeople would pronounce prestigious 'r's, especially in more careful or emphatic speech. Even, however, if we allow for possible subjective judgements, his hypothesis was strikingly confirmed. There was actually a difference, in the up-market store, between staff on the ground floor, which was more mid-market in appearance, and on the upper floors, with the snootiest staff and goods at the height of fashion. There were also, even in this study, differences between older staff and younger.

A later study involved a series of interviews, in part structured and in part artfully unstructured, of people living in the Lower East Side of the city. This largely confirmed what he had found. It was designed, however, to examine not just 'r', but five other points on which New York speech was known to vary. One, for example, concerned the initial consonants in words like *thing* or *then*. They were often realized as [t] and [d], as indeed by many people (whether or not they would admit it) elsewhere in the United States; alternatively, as [θ] and [ð] (= British English [θɪŋ], [ðɛn]); or, in between, in a way transcribed as [tθ] or [dð]. There was no evidence, in this instance, of a change in progress. Here too, howcver, there was variation both in and between the speech of individuals, which again reflected both their social status and the care with which they were speaking.

Studies of this kind have been repeated in other places, many, many times. Where there is variation among speakers, even without change, they suggest potential for change in the future. All it would take is for one variant to become more frequent; it might then, eventually, oust the others.

Where there is change, conversely, there will usually at least be detailed variation among speakers. It seems very likely, for example, that the frequency of *wireless* in the sense of 'radio' would at one time have been found to vary systematically with, among other things, the age of speakers. Four or more centuries ago, *not* could easily come after a verb: *It hurted not*, where one would now say *It did not hurt*. So could, among others, *never* (as in Dorothy Plumpton's *had never answer*); and, in a related pattern, Shakespeare could still write, for example, *What ring gave you, my lord?*, where the only normal form would now be *What ring did you give?* (*The Merchant of Venice*, V.1, 184). The changes seem to have come to a head in Shakespeare's lifetime, before and after 1600. Again, however, people did not just stop saying one thing and start saying only another. There is evidence in literature and documents of this period that usage varied strikingly, as common sense would lead us to expect, for more than half a century. Strictly speaking, it still varies. J. R. R. Tolkien, who was among other things a professor at Oxford expert in the earlier stages of the English language, could make effective use of sentences such as: *To that the Elves know not the answer* (*The Lord of the Rings*, V.9). This is certainly English – just no longer ordinary English.

Why does language change?

It is a fact, attested everywhere, that language changes. That is the reason why two languages which were once one, such as English or German, can in time become so different. It must also be the reason why there are 'languages' (plural) at all.

This last fact is, if we stop to think about it, quite remarkable. We are a single species and if any of us hears people talking in an unfamiliar language, it is clear at once that that is what is happening. Yet, without a language in common, people can communicate at best through gestures, smiles, and so on. This is an odd thing: that language (singular) has evolved as the main means by which human beings communicate, but because there is this multitude of languages (plural), each of us is actually able to communicate effectively with no more than a fraction of our species. How did that come about?

Let us assume, as many do, that language had a single origin. It evolved in one small species or subspecies, whose initial range lay, it is generally thought, in part of eastern Africa. In time, however, the population expanded, across Africa and into Europe and Asia; from Asia to Australia and into North America; from North America to South America; finally from Asia once more into the Pacific. Map 2 represents one educated guess at roughly how and when this may have happened, based on at least some indirect evidence. Whatever the details, however, it is obvious that as the range expanded different groups of human beings would remain in contact only with the others in their immediate area. Let us then assume that, in the original population, language had within it features that could change. That means, in effect, that it was not determined genetically in all respects. As people separated, how they spoke would start to vary independently; as they separated further, it would change yet more; therefore, in populations that no longer had the slightest direct contact, language could take ever more divergent forms.

Hence the Babel that the ancient Hebrew scriptures explained by divine interference. Within limits that might be genetically determined, language (singular) diversified by gradual changes, over a few tens of thousands of years, into the precursors of the languages (plural) which, after further movements of people to and fro, we can observe now. We have to assume that from the very beginning it had the seeds of variability within it. Why, however, did change have to follow?

One answer is put into the mouth of Adam in Dante's *Divine Comedy*. The words translated in the box are those of a poet of the early 14th century, but can easily be updated. Language itself is 'natural' in that it is an inherited characteristic of our species. Particular forms of language are, in contrast, aspects of the culture of specific human societies. But such societies never stand still. We make continual changes in the precise cut of our clothes, in the

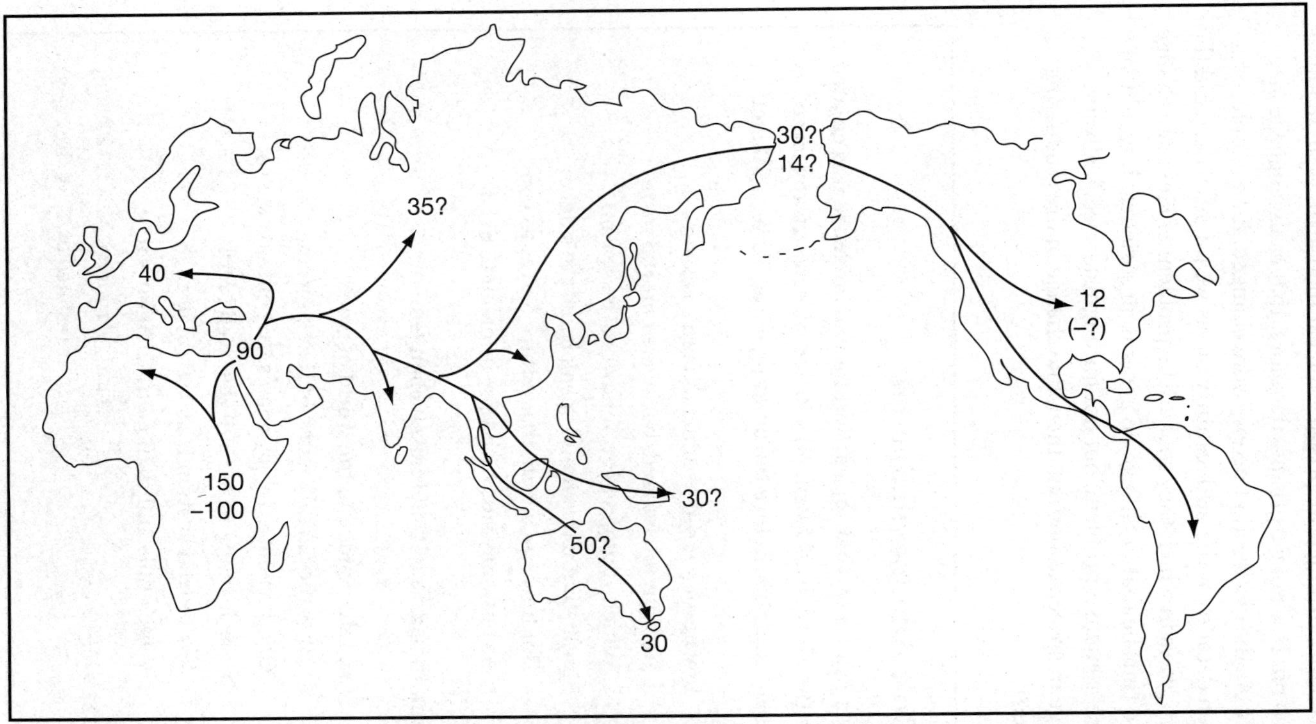

Map 2. How the range of *Homo sapiens* may have expanded. The dates (in thousands of years before the present) are tentative and depend in part on the assumption that 'land bridges' had to be available at times when sea levels were lower.

precise ways in which we prepare and eat food, in laws, in manners, and so on. It is not surprising, therefore, that each language also varies. As the clothes that people wore changed, for example, over the ten decades of the 20th century, so, as we might expect, did the precise ways in which they spoke. The problem of language change would thus be that of change, in general, in societies. It would, of course, remain a problem, but not for linguists specifically. Is change in speech at bottom, then, like change in dress or eating habits?

How Adam explained it

The Bible says that the earliest human language was created in the Garden of Eden. But it had already disappeared, as Adam explains, before the building of the Tower of Babel:

For never yet did product of man's reason
Remain unchanged, because of mortal taste
Which changes ever, following the season.
Simply that man should speak is nature's deed;
But how you speak, that nature leaves to you
As best may suit with your immediate need.

Even the name of God himself changed:

Ere I descended to the world of woe,
J was the earthly name of that supreme
Good whence the joy comes that enfolds me so;
El was his next name and that well befits,
For mortal custom is as leaf on branch
Which falls and then another follows it

(Dante, *Paradiso*, XXVI, 127–138,
translated by T. W. Ramsey)

The idea is certainly tempting. Fig. 6 is a portrait of the most distinguished British linguist of the late 19th century. Note, among other things, the way his necktie has been knotted loosely; also his shirt collar, which is starched very stiff and would have been attached with studs in front and at the back. Fig. 7, in contrast, is a portrait of a distinguished British linguist of a later generation. This is still not how a man of his age and in his position would dress now, but it is much more like it. Both Sweet and Jones were linguists with a marvellous ear for English as they heard it spoken, and we know that, over their joint lifetimes, that too was to change. The vowels of *poor* and *moor*, for instance, were once separate from those of *pour* and *more*. They were instead, as dictionaries still transcribe them, [pʊə] and [mʊə]. These vowels are still distinct, of course, in many other forms of English. But in southern Britain they now tend to be the same: *poor* and *pour* are both [pɔː]; *moor* and *more* are both [mɔː]. The change has naturally been gradual, and over many years the speech of many individuals will have varied. So, in any period, would their collars and ties.

Our interest, however, is not simply in describing individual changes, but in explaining why they take specific forms in specific circumstances. As most linguists see it, they are never isolated. We are dealing not just with a single vowel or single word; not even, for example, with a single pattern of word order. Every change, in principle, has repercussions elsewhere in the language, connecting it to others that are also in progress, or may follow later. For many linguists, these connections reflect fundamental laws to which a language – any language – must be subject. If the appeal to laws is valid, then linguistic history is exciting history indeed.

Even if it is not, one thing well worth remembering is that mastery of speech develops early in our childhood. The speech of adults does, of course, change: when, for example, they start using a new word or they move to a new place and their accent adapts to their surroundings. Nevertheless the structure of their language is in large part fixed before their teens. At the age of two, children are

6. Henry Sweet (1845–1912). A great phonetician and scholar of the English language. His 'Anglo-Saxon Reader' has been repeatedly re-edited for the use of students.

7. Daniel Jones (1881–1967). The grand old man of phonetics in the United Kingdom, responsible more than any other for the principles that underlie the International Phonetic Alphabet.

typically beginning to put words together; a few years later they are already speaking with the right forms, in the right order, recognizably in a language they will speak from then on.

Hence, for many linguists, change in language is essentially from one generation to the next. Children of any generation master forms of English, for example, from the speech they hear around them in the communities in which they are brought up. That basically determines how they speak it for their lifetime. A language changes, in one common analysis, when the children of a later generation, as they in turn hear speech in the community around them, master it in what is partly a new form. Our basic problem is to understand how that can happen.

There is no consensus on these issues. But it does seem that the way a language changes is not quite so simple or uncontroversial as a change in fashion in such things as collars and ties.

Chapter 4
Language families

I once read a book by someone who thought it a great mystery that, at one point in their history, the people of Italy stopped speaking Latin, a language they had been happy with for centuries, and started speaking Italian instead. Why should they have done such a thing, and how did they manage it?

We can see now that there was no mystery. Speech is forever changing and, as Old English has developed by gradual changes into modern English, so the language that is now Italian, which has been written for most of the last 1,000 years, evolved, again by gradual variations from one generation to the next, out of the one spoken, some 2,000–2,500 years ago, as Latin. There was no striking switch, no single point at which one could say: here the earlier way of speaking ended, here a new way began.

But, as Latin changed, it also split up. It was originally the language of a small state, centred on Rome. But the Roman ruling class was good at and addicted to war, and by around 2,000 years ago had established a great empire, whose western provinces included not just Italy, but all of what is now France, Spain, and Portugal. Throughout this area, Latin increasingly replaced the existing languages. Within 500 years it was doubtless varying already from one region to another, much as Spanish, for example, varies across South and Central America. By then, however, the western empire was politically in ruins. It was therefore natural that, as contacts between people became rarer, the Latin spoken in different regions tended to change independently. Fast forward 500 more years, and a language that had once been unified had fragmented into a myriad of local varieties, which at any distance were clearly different. One variety, in origin specific to the Tuscan region of north central Italy, was to become Italian. Another, in a region centred on Paris, later developed into modern French; another, from Castile in northern Spain, into Spanish; and so on.

Images can always mislead, but in cases like this, as in the development of species in biology, it is natural to think in terms of ancestors and families. Latin, in this image, is the 'ancestor' of a family of languages 'descended' from it. These descendants include French, Spanish, and Italian; also, among national languages, Portuguese and Rumanian. In zoology, the cat family includes lions, leopards, domestic cats, and so on. In linguistics, these languages are the leading members of the 'Romance' family.

In zoology, the cat family is then grouped with others in still wider classifications, as a family of placental mammals, of mammals generally, of vertebrates, and so on. Ask any specialist in linguistics, and you will be similarly told not just that the Romance languages descend from Latin, but that they and it once had an ancestor historically still more remote, in common with a host of others. Romance is no more than one branch in a family tree of 'Indo-European' languages (Fig. 8) whose twigs, as it were, extend across much of Eurasia. Now we cannot say exactly how a single ancestor came to have descendants in such widely separated places. No single theory is accepted by all prehistorians. We do know, however, that there are other families, elsewhere in the world, whose members are distributed very widely. As linguists we are also certain that, for all the Indo-European languages, a single ancestor must once have existed.

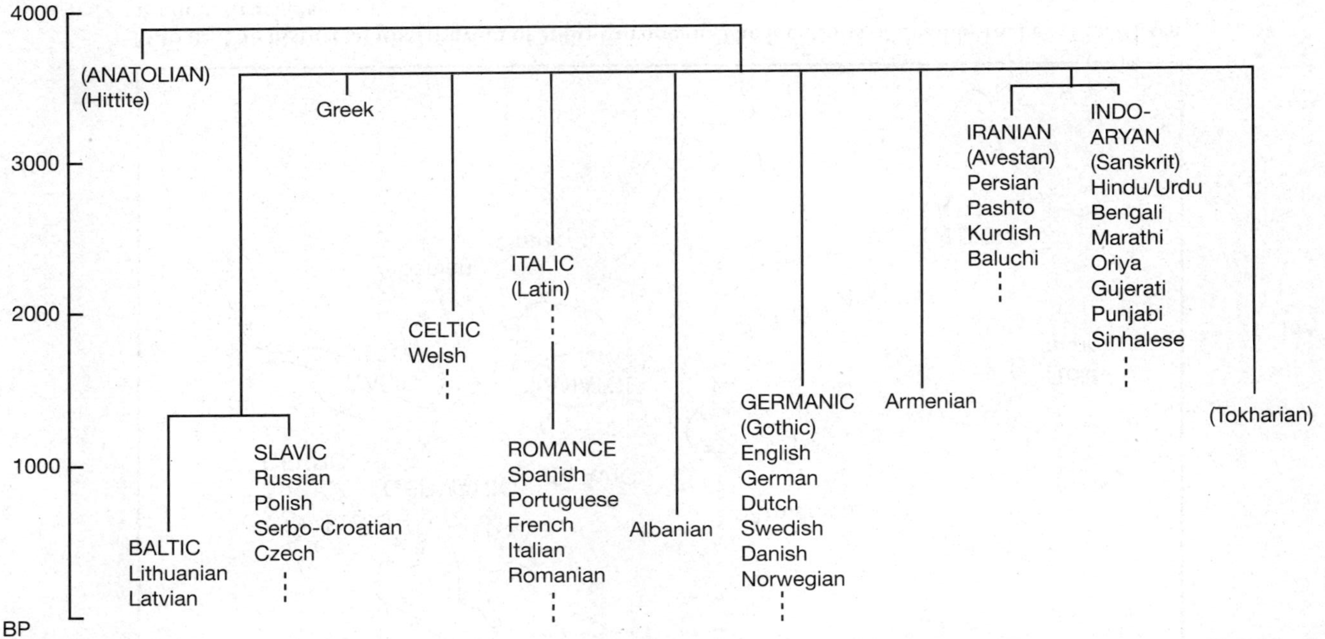

8. The main branches of Indo-European. Names of branches as opposed to specific languages are in capitals; names in brackets are of languages and branches either dead or whose descendants are now named differently. Indo-Aryan and Iranian together form a larger branch called 'Indo-Iranian'; a larger 'Balto-Slavic' branch is still disputed, as too is the precise relation of Anatolian to all the others. The scale on the left indicates approximately when each branch is first attested by substantial material.

Map 3. The historical distribution of Indo-European. The locations of dead branches (Fig. 8) are again in brackets.

How, though, can we be certain? I will give dates 'BP' (for 'before the present'), and, on this scale, the earliest evidence we have of any branch of Indo-European is from around 3,500 BP, for Greek, written in the script called 'Linear B', and a little earlier for Hittite, which was the language of an ancient empire with its capital in what is now north central Turkey. The first evidence for Latin is between 2,000 and 2,500 BP; for Sanskrit, which is an ancient language of northern India, we have oral poetry whose origins are earlier than 3,000 BP. Nowhere, however, do we have the slightest direct evidence of a common ancestor. Writing itself was not invented, for any language, until a little over 5,000 BP, and the earliest evidence is of Sumerian, in what is now the south of Iraq, which is not of this family. Even the earliest of these languages, moreover, were less like each other than, for example, Spanish and Italian are today. Why are we so confident that they were prehistorically related?

What is our evidence?

The answer lies in the 'comparative' method. This involves a step-by-step comparison of different languages, in which we look for detailed correspondences that cannot reasonably be explained unless a common ancestor existed. The great problem is: what sorts of detail are convincing?

We can perhaps get some feel for the argument if we concentrate on just two phrases, in the box overleaf, in just two Indo-European languages. The one in Greek appears in Homer's *Iliad*, a narrative poem whose origin is before 3,000 BP, in a passage where the hero, Achilles, is faced with a hard choice. If he fights in battle he will gain 'imperishable fame', but at the cost of his life. If he does not fight he will return home safely, but his 'noble fame' will be lost. (He is the hero and, naturally, he fights.) The one in Sanskrit appears in a collection of religious poems called the Rigveda, whose origins are also from before 3,000 BP. The same translation fits both, and in the view of many scholars the whole phrase was inherited not just

Corresponding phrases in two Indo-European languages

Ancient Greek:	kléos	áp^{h}t^{h}iton
Sanskrit:	ʃrávah	ákʂitam
	fame-NOM/ACC.SG	NEG-perishable-NEUT.NOM/ACC.SG
	'imperishable fame'	

Both phrases are transcribed with symbols from the International Phonetic Alphabet. A raised 'h' distinguishes 'aspirated' consonants ('p^{h}', 't^{h}', 'k^{h}') from 'unaspirated' (p, t, k); the *ʂ* in *ákʂitam* is pronounced like 's', but with the tip of the tongue bent back towards the roof of the mouth. The acute accent marks a point at which the pitch of voice is higher. The glosses (third line) are explained in the text.

from a common ancestral language, but from what was once a common poetic tradition. There are only two words; but it is fascinating to discover just how many correspondences they illustrate.

Let us start with their grammar. Both languages distinguished what grammars call 'genders', by which words like those for 'fame' are classed (as in, for example, German) into 'masculines', 'feminines', or 'neuters'. Both *kléos* (Greek) and *ʃrávah* (Sanskrit) were neuter. Greek and Sanskrit also had distinctions (as in German or Russian) between what grammars call 'case'. In Greek, for example, if one said that a man did something, the word for 'man' would take the

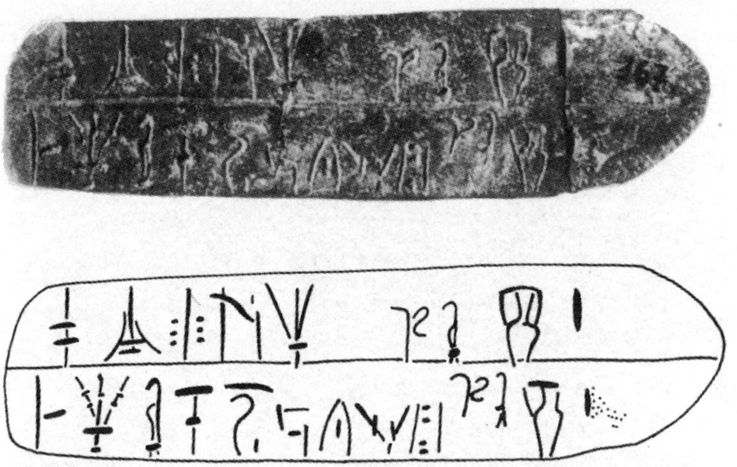

9. The earliest evidence for Indo-European (1): A tablet in 'Linear B'. The text dedicates (first line) 'To all the gods one jar of honey'; (second line) 'To the mistress of the labyrinth one jar of honey'. It is one of many tablets excavated at the ancient site of Knossos in Crete, known in Greek myth for the labyrinth, or maze, inhabited by the Minotaur. The 'code' of Linear B was famously cracked by Michael Ventris in the 1950s, applying techniques of decipherment learned in the Second World War. The spelling basically is syllable by syllable: thus *pa-si* (first two characters in the first line) 'to all'; *me-ri* (immediately before a picture, in both lines, of a two-handled storage jar) 'honey'. Syllabic writing is a type distinct from both an alphabet, in which consonants and vowels are represented separately, and a script directly representing units with meanings, as in Chinese. It is at present used for Japanese especially, in the scripts called 'katakana' and 'hiragana'.

form *ánt^{h}ro:pos*, with a final *-s* distinguishing it as in the 'nominative' case (NOM), and as 'singular' (SG), referring to one man only. If one said that someone else did something to a man the word would take instead the form *ánt^{h}ro:pon*, with a final *-n* distinguishing an 'accusative' singular (ACC.SG).

Now look at the words for 'imperishable'. These too had to be neuter, in 'agreement', as grammars put it, with the words for 'fame'. This is the 'NEUT' in their gloss, which again fits either language equally. They also had to be in the same case. Here, though, there is another parallel. The word for 'man' in Greek was

§43

10. The earliest evidence for Indo-European (2): A cuneiform text in Hittite. 'Cuneiform' means 'wedge-shaped' and refers to a form of writing widespread in the ancient Near East, made by pressing a point sideways into clay. It was adapted to Hittite from Akkadian, which was the language of Assyria and Babylon. The tablet of which this is a part sets out the laws of the Hittites, detailing appropriate penalties for very specific offences. Paragraph 43 (marked) reads: 'If a man usually makes his ox cross the river and another person pushes him away and takes the tail of the ox and crosses the river, and the river carries away the owner of the ox, then they take that person.' The tablet dates from the century before 3,500 BP, making this one of the earliest texts in any Indo-European language.

masculine, and distinguished, as we have seen, a final 'NOM.SG' *-s* from an 'ACC.SG' *-n*. But in neuters 'NOM' and 'ACC' were never distinguished: hence the 'NOM/ACC', in the words for both 'fame' and 'imperishable', in the glosses. That held for Sanskrit too; and moreover, in either language, many neuter 'NOM/ACC' singulars had an ending identical to that of the 'ACC' form found in many masculines. Thus, in the phrase in Greek, the word for 'imperishable' also ends in *-n*: *áp^{h}t^{h}ito-**n***, like *ánt^{h}ro:po-**n***. Similarly for a final *-m* in Sanskrit: *ákṣita-**m***, like, for example, *su:nú-**m*** 'son-ACC.SG'.

These similarities are suggestive, at least. We then find more cases, however, where an *-n* and *-m* again match. A form like Greek *kunô:n* 'of dogs' was in a 'genitive' (or 'of') case, with a genitive plural ending *-o:n*. The corresponding word in Sanskrit was *ʃúna:m*, also a genitive plural with the meaning 'of dogs'. This has the ending *-a:m*. Only the specific vowels and consonants are different: Greek *-n*, Sanskrit *-m*; Greek *-o:n*, with a long *o* (IPA '*:*'), Sanskrit *-a:m*, with a long *a*.

Another still more obvious correspondence is at the beginning of the two words for 'imperishable'. Both have a negative meaning: literally 'non-perishable'. This is the 'NEG' of the gloss, and in both words, and in others like them in both languages, we find an initial *a-*. Now it is also easy to find points where Greek and Sanskrit appear not to correspond. Even there, however, what is normal in one language may still find a parallel in a form that is unusual in the other. Greek had a normal ending *-o:*, for instance, in forms such as *ékʰ-o:* 'I have' or *leíp-o:* 'I am leaving'; comparable forms in Sanskrit had a different ending *-mi*. But *-mi* is also found as an exception in Greek, in a small set of forms like *eimí* 'I am': compare Sanskrit *ásmi*.

Why should there be such correspondences? These languages were spoken thousands of miles apart, in societies historically separate. We can therefore imagine the excitement when the evidence from Sanskrit first became known in the West. Just as French and Spanish, for example, had a common ancestor in Latin, so the astonishing thought arose that languages like Greek and Sanskrit also had one, spoken by some population deep in prehistory.

If this is right, the *-mi*, for instance, which we find in a few forms in Greek must be a survivor of the same ancestral ending as the *-mi* in Sanskrit, where it either remained or became normal. How certain is it, though, that we are right? Could correspondences like these be due instead to pure chance? Or is some other scenario possible?

The last question is not rhetorical. We know, in particular, that when the speakers of two languages are in prolonged and frequent contact, both their grammar and the words they use tend to change in ways that make them similar. Is it possible, then, that Greek and Sanskrit had no common ancestor; but, at some stage in their separate prehistories, they were spoken by two neighbouring populations? Could that scenario explain why forms like these, even ones irregular in at least one language, should correspond so widely?

Reconstruction

To rule it out, we must develop an account so detailed, comprehensive, and consistent that no other can be reasonably accepted. We therefore need to look quite carefully at the logic of what we are proposing.

What we are claiming, for example, is that *-n* in Greek (in words such as *áp^{h}t^{h}ito-n*) and *-m* in Sanskrit (in words such as *ákṣita-m*) both have the same source. This was perhaps itself *n*-like, or *m*-like, or perhaps not quite like either. That then is a specific hypothesis, and it concerns the 'reconstruction', as an entity that hypothetically existed in prehistory, not just of a phonetic unit, but also of a grammatical ending, in forms that hypothetically underlie 'ACC' and neuter 'NOM/ACC' singulars. If the preceding vowels are also relevant, they too must have a specific prehistoric origin: *áp^{h}t^{h}it**o**n, ákṣit**a**m*. So, for example, if the words as wholes are also relevant, must the consonants that follow the initial *a-*: *á**p^{h}t^h**iton, á**kṣ**itam*.

It will be obvious that, in this logic, 'correspondences' need not be between forms that are similar. The words for 'imperishable' happen to be alike in some ways: the same number and structure of syllables, accents (high pitch) in the same positions, and some vowels and consonants, like the *i*'s and *t*'s in the words for 'imperishable', phonetically at least close. For the 'fame' words there is evidence, within Greek and Sanskrit, that they were once in part closer: *kléwos*, *ʃráwas*. In principle, however, similarities in individual forms are neither necessary nor sufficient. As languages change, vowels and consonants, syllables and accents change with them. The forms we reconstruct might therefore undergo quite striking alterations; but the forms that they gave rise to could still be explained, as our hypotheses develop, as successfully as any others.

Let us look, then, at the vowels in the words for 'fame'. Where the Greek form had an *e* (*kléos*), the one in Sanskrit had an *a* (*ʃrávah*). So, however, did heaps of other forms that seem potentially related. Compare, for example, the words for '(he, she, it) is': Greek *estí*, Sanskrit *ásti*. Where the Greek form has an *o* (*kléos*), the one in Sanskrit has another *a* (*ʃrávah*) 'fame'). So too the words for 'imperishable' (*ápʰtʰiton*, *ákʂitam*), and again many others. A Greek word like *éleipon* 'I was leaving' had an ending *-on*: *éleip-on*; an ending with a similar role in Sanskrit was, as we are beginning to expect, ***-am***. In this light, we can now propose a hypothesis still more specific. In the common ancestor, the vowels in such forms were distinct: one probably *e*-like and the other probably *o*-like. In Greek they stayed separate, but in the prehistory of Sanskrit they both became *a*.

Of the consonants in both words, the *t*'s in *ápʰtʰiton* and *ákʂitam* 'imperishable' were, of course, phonetically similar. What matters, however, is again not that, but that this correspondence too is general. Compare once more, for just one instance, Greek *estí* '(he, she, it) is' and Sanskrit *ásti*. The *k* in the Greek word for 'fame' (*kléos*) is, in contrast, not remarkably like the *ʃ* in Sanskrit (*ʃrávah*). The same consonants correspond again, however, in the words for 'dog': compare once more Greek *kunô:n* 'of dogs', Sanskrit *ʃúna:m*. Another instance, famous in the history of Indo-European studies, is in the words for 'hundred': Greek *hekatón*, Sanskrit *ʃatám*. If the changes implied seem at all unlikely, then note, for example, that the word for 'to sing' in Italian also begins with a consonant that is phonetically a [k] (*cantare*), which corresponds to [ʃ] in French: ***ch****anter*. We can also, to resume, find other instances where Sanskrit has an *r*, as in *ʃrávaḥ*, but Greek (and the languages of other branches) have *l*. Hypothetically, the consonant at this point was originally *l*-like.

In the end there will, of course, be loose ends. Alongside the words for '(im)perish(able)', we can find a handful of others in which *kṣ* in Sanskrit corresponds to p^ht^h or something like or partly like it in Greek. Yet exactly how these fit in is not clear. Why too, for instance, did the Greek word for 'hundred' have a *he-* at the beginning (***he****katón*)? The issue, however, is not whether the theory we are proposing explains everything. Common sense suggests that we will never be able to do that. It is whether, for what our hypotheses do cover, any other form of explanation, which does not posit a common ancestor, is even remotely plausible.

How far can we go?

Findings like this are of great interest to prehistorians in general. We are not sure how the Indo-European family came to be so widespread. As linguists we believe, however, that there was a common ancestor, and the problem then is to find relevant evidence from archaeology. An archaeologist, however, is often able to link prehistoric cultures by much simpler correspondences: by similar pots or swords, say, found in graves. It is therefore natural to wonder whether linguists need to plunge into such detail. Should we not be able to find similarities so striking that, in any reasonable judgement, it is clear at once that languages must have a common origin?

On the contrary, we must get the message that this is a field of serious (and in itself quite fascinating) research, where the slotting in of detail after detail is essential. Even similarities that stare us in the face might be misleading, if they do not have their place in an extended network of hypotheses.

Take, for example, the word in Latin for 'to have': *habeo* 'I have', as it is entered in dictionaries. The *hab-* is similar to English [hav] (*have*), or the identically written *hab-* of German *haben*, also 'to have'. At first sight, this is just the kind of correspondence that should be significant. The similarities, in both form and meaning, are so close that it seems they must go back to the same source.

In fact, we are quite sure they do not. All three languages are Indo-European, English and German from the 'Germanic' branch (Fig. 8). It has been known, however, for the best part of 200 years, that there are widespread differences in consonants when Germanic is compared with Latin or with other branches. Where the Germanic languages have *h*, Latin has instead *c* (phonetically [k]). Compare (with other changes) German ***h**undert* 'hundred', Latin ***c**entum*; German ***H**und* 'dog', Latin ***c**anis*; German ***H**als* 'neck', Latin ***c**ollum*; German ***H**ure* 'whore', Latin ***c**arus* 'dear' in the sense of 'loved'. These correspondences are part of a much wider picture, in which the *b*'s of *habeo* and *haben* prove equally misleading. The form in Latin which we actually believe to have the same source as the *hab-* in German had both different consonants and a different meaning: *cap-* (*capio* as entered in dictionaries) 'to take hold of'. So too the forms in German or in English that share their origin with *hab-* in Latin: German *geb-en* 'to give', English *give*. The 'sameness' that so hits us at first sight of these words is in reality an accident of prehistoric changes in both sounds and meanings.

Such examples serve as a grim warning never to rely on isolated or sporadic correspondences. They also warn us, indirectly, that the further back we try to reach into prehistory, the less hope we have of demonstrating anything.

The reason, once more, is that languages change. Their grammatical structure changes: neither English nor, for example, Italian still have elements related to the genitive plural ending, or the neuter 'NOM/ACC' endings, of Sanskrit or Greek. Their vocabulary also changes: old words are progressively replaced by new ones; old meanings shift or disappear. There will therefore come a point at which a family relation cannot be recovered. We may feel in our bones that it is there. Form *a* in one language may well look like form *b* in another, and form *c* in that look like form *d* in a third. But there is no longer the evidence that justifies a detailed and connected reconstruction, and, without that, we just do not know. For any similarity or set of similarities, we have always to discount alternative explanations: that they are accidental, that they reflect a prehistoric contact among people whose languages were not immediately related, or a combination of these.

Where confidence shades into speculation is a matter of judgement, and specialists in some conjectural families take a rosier view than others. We must nevertheless hold fast to the logic of our argument. Linguists have no equivalent of a zoologist's fossils, stretching back beyond the earliest records of writing. An archaeologist's pots and swords are also genuine records of their period, at worst broken or reduced to rust. Our evidence, however, is entirely of the forms that have developed after languages have split up, often transformed by their history.

It is remarkable, therefore, how much linguists have been able to reconstruct. For a final illustration, let us go back to the changes that affected consonants in Germanic. One upshot, as we have seen, is a correspondence between German *h* and Latin *c*. Another can be illustrated, to take one example, with the words in Sanskrit and Germanic meaning 'brother'. 'Gothic' (for linguists) is the earliest known Germanic language, in an early translation of part of the Christian Bible. Compare then Sanskrit *b̤ráːtar-* 'brother' (this is again transliterated with the symbols of the IPA) with Gothic *broθar*. But Indo-Europeanists were soon faced with a problem. Take, for comparison, the form in Sanskrit meaning 'father'. It too had a *t* as its middle consonant: *pitár-*. In Germanic, however, the words for 'brother' and 'father' developed different consonants: *broθar*, with a *θ*, but *fadar*, with one usually transliterated *d*. The two consonants are still different, after yet more changes, in modern German: *Bruder*, *Vater*. What can have lain behind this?

The answer was discovered in the 1870s, by a Danish scholar called Karl Verner. He told people that it occurred to him one afternoon when he was unwell and trying to get some sleep, with a comparative grammar of Indo-European to assist him. Suddenly the Sanskrit forms for 'father' and 'brother', which were printed in bold type, leaped out at him. The first, he noticed, had an accent on the second syllable: *pitár-*. The other had it on the first: in the transcription I have given, *ḅrá:tar-*. Could that have something to do with it? When he checked the evidence thoroughly he found that this had to be the explanation. No Germanic language has a direct trace of what would once have been the Indo-European accent. We deduce it from, in particular, Sanskrit and Greek. The hypothesis nevertheless was that, in the prehistory of Germanic, it must still at one time have been there. It then meshed with the consonant changes, and only later was it lost. The editor of the journal in which Verner published his paper wrote to him that he had brought light into places where everyone before had walked in darkness. This may seem over the top; but, if there had been any doubt about the reality of the relations among Indo-European languages, the reconstruction of a change so evidently prehistoric would have dispelled it.

Chapter 5
In praise of diversity

In 1492 Christopher Columbus first set foot in the West Indies. Thus began a series of events that brought disaster to the peoples of the New World, and to most of the languages spoken by them.

Others soon followed. In 1500 Brazil was claimed for the crown of Portugal, and a Portuguese governor-general was appointed 31 years later. In 1519 Hernando Cortes began the Spanish occupation of Central America, and in 1533 Francisco Pizarro overthrew the Inca Empire in the Andes. In 1607 the first successful English colony was established in North America, under the leadership of John Smith, in Jamestown, Virginia; in 1608 the French colony in Québec was founded by Samuel de Champlain. Nearly two centuries later, in 1788, the British started their takeover of Australia. There too, as in North America, the overwhelming majority of people now speak English. Elsewhere in America, more than a hundred million now speak Spanish or Portuguese.

Across most of the Old World, languages of other families, or other branches of Indo-European, are still dominant. Over a hundred million speak Arabic, or Hindi and Urdu, or Bengali, or the standard (Mandarin) form of Chinese, or Japanese. Many other languages, such as Tamil or Vietnamese or Javanese, are native to tens of millions. A linguistic survey of the world can be divided, if we are realistic, into two parts. One covers the continents of the Old

World with their adjacent islands, where the distribution of languages and families is still largely as it was 500 years ago. Even in sub-Saharan Africa, where English and French are widely known and many languages are disappearing, most people do speak one or more of them. The other includes three continents in which the indigenous languages have been swamped by ones originally from western Europe. A few that remain are locally important: Guaraní, for instance, is an official language of Paraguay, alongside Spanish, and, with Quechua, which was the language of the Incas, still has speakers in the low millions. Many other indigenous languages survive, more than most people who are not professional linguists realize. Many of these, however, are likely to disappear before long, as new generations fail to learn them.

For linguists, all languages are precious. The ones most readers will know are a biased sample, historically either European or from other regions of the Old World. The more biased it is, the more one is tempted to assume that every language, wherever it is spoken, must have structures similar to theirs.

At one level, languages are indeed alike. Our species first spread to Australia, for example, up to 50,000 BP; to North and South America from perhaps as early as 30,000 BP. These populations were then separated from those left behind, and their languages evolved independently for tens of thousands of years, until Europeans invaded. There is no difference, however, between any of them and any language of the Old World that we could not in principle explain by changes of the kind all forms of speech are liable to undergo, extended over greatly longer periods. And any other group of people could, in principle, speak any of them. In language too, *Homo sapiens* has remained one species.

At another level, many languages have evolved in ways that seem to Western eyes surprisingly exotic. This judgement is, of course, entirely relative. If human history had been different, linguists speaking American languages like Navajo or Tzeltal might instead

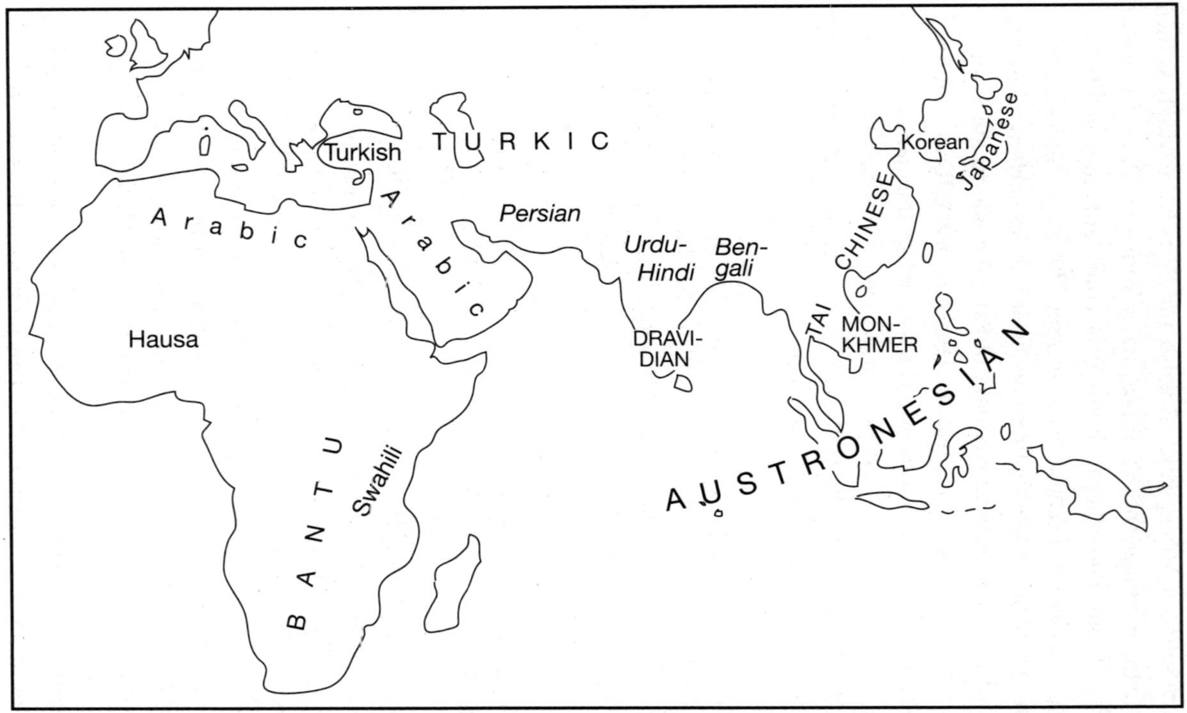

Map 4. Some major languages and families in Asia. The languages in italics are Indo-European. The extension of Austronesian especially is wider.

The main families of the Old World

Eurasia in particular is an area across which people have traded and migrated, and formed shifting empires, throughout history. The INDO-EUROPEAN family is one of three with members in both continents (see Map 3 in the last chapter). The others are a smaller group classed as URALIC, which includes Hungarian and Finnish; also TURKIC, which includes a range of languages related to Turkish, in what was once the south of the Soviet Union. The main language of North Africa and the Near East is now Arabic, whose expansion accompanied that of Islam. This belongs to the SEMITIC family, which can be linked to others, including the language of ancient Egypt, in the northern half of Africa.

On the mainland of east Asia CHINESE includes Mandarin, Cantonese, and others, and is classed as a family with others to the west, which include Tibetan and Burmese. Note that neither Korean nor Japanese is part of that or any other known group. DRAVIDIAN in South India is a smaller independent family, whose largest member is Tamil. MON-KHMER is also an independent family, which includes Cambodian (Khmer) and Vietnamese, as is TAI, which includes Thai. The large AUSTRONESIAN family is centred in the islands off South-east Asia, where it includes Tagalog and the other languages of the Philippines, Malay, Javanese, and most others in Indonesia. It also expanded eastwards across most of the Pacific; and westward to Madagascar. Elsewhere in Asia smaller familes are established, for example in the Caucasus.

In the southern half of Africa the largest clearly established family is BANTU, roughly from the Equator southwards. Swahili, in East Africa, is its largest member and is still spreading.

be fascinated by the exotic character of strange tongues such as English, still spoken by a few old people in a remote part of Britain. Any feature, in any language, is potentially 'exotic' in comparison with those of other languages that do not have it.

What do languages distinguish?

One feature of English, for example, is a grammatical distinction between 'singular' and 'plural'. Words like *boy* (singular) or *woman* (singular) are in a form used in referring to a single individual: one boy, or one woman, only. Forms like *boys* (plural) or *women* (plural) are used instead in reference to two or more individuals. A similar distinction, between 'one' and 'more than one', is familiar in other European languages: Spanish *la mujer* 'the woman', but *las mujer**es*** 'the women'; French *la femme* (phonetically [l**a** fam]), but *les femmes* ([l**e** fam]); and so on.

But this is not the only distinction of which the human mind is capable. Why should singular as opposed to plural be so central to the grammar of such 'unexotic' languages, while other contrasts are not?

Take the sentence *I have picked some flowers.* Anyone who says this will be understood, since *flowers* is plural, to have picked two flowers at least. They could also, however, have been flowers of at least two different kinds: some gladioli plus some dahlias, these plus some lilies, and so on. Alternatively they might all be of the same kind: all gladioli, or all lilies. This difference too is clear and objective. Yet in English, in whichever case, an expression such as *some flowers* would be equally appropriate. Why should speakers of this language, and of others like it, be obliged to distinguish 'one' from 'more than one', but not also, or perhaps instead, 'one sort' from 'more than one sort'?

The question may at first seem perverse. Surely 'one' and 'more than one' are more important. Why, though, this 'surely'? Are they more obvious, or more vital to the needs of clear communication? Or is it simply that we happen, ourselves, to speak a language in which they have to be distinguished?

There are certainly languages in which a similar distinction need not be made. In Chinese, for example, speakers can quite normally use the same form to refer indifferently to more than one or one only. We can in turn find other languages, including many buried under English in the United States and Canada, with a grammatical element that linguists call 'distributive'. This distinguishes a set whose members are in some way differentiated: so, for example, forms that might be glossed as 'flower-DIST' could be used of flowers that, as well as being two or more, are not all of the same sort. If they were all gladioli or all lilies, the form would instead have no 'DIST'. 'Fish-DIST' ('fish of various species') could in turn contrast with 'fish' without 'DIST', meaning 'one or more fish of the same species'. Note the 'one or more'. For things to be of different sorts there must be at least two of them. A set whose membership is homogeneous may, however, have one member only. Distinctions between 'one' and 'more than one' are subsidiary and, again, may not be explicit.

Another perfectly objective difference is between things that can be seen and things that are invisible. The flowers, for example, might be in full view when the speaker refers to them; or they might be somewhere else or hidden. In either case, in English, one could say *some flowers*. However, in the Wakashan languages, a family whose remaining speakers live along the coast of British Columbia, this difference is subject to a grammatical distinction. In English, forms like *this flower* (singular) and *these flowers* (plural) can be distinguished, when appropriate, from *that flower* and *those flowers*. In Wakashan languages, contrasts like these are more complex and obligatory. One form that roughly corresponds to *this* means, more exactly, 'with or close to or connected with I who am speaking'; plus, if nothing is added to it, 'that can be seen'. Another means 'with, etc. you to whom I am speaking'; plus again, if nothing is added to it, 'that can be seen'. These forms are then distinguished from others, with an added element, used in reference to things that cannot be seen. Similarly for forms that broadly correspond to English *that*: 'the one(s) over there that we can see', as distinguished from, again with the 'invisible' element, 'the one(s) over there that we cannot see'. Note again 'one(s)'. Visibility is central; so too the connection or lack of it with an 'I' or 'you'. Distinctions between 'one' and 'more than one' need not be drawn.

These examples were first cited nearly a hundred years ago, by the American anthropologist Franz Boas. It is easy to add others, often from languages of which the world in general knows and cares little. It is therefore tempting, once more, to dismiss their features as 'exotic' or marginal. Again, however, they are not objectively 'less important'.

Look, for example, at Fig. 11. It shows a young woman wearing a sling, in the way she might do if she had broken her arm. In English, then, one might unthinkingly report this with some sentence such as *She has broken her right arm*. Is it certain, however, that she has done so? Suppose you have seen her in reality. Under examination, you might admit that, actually, she was simply wearing a sling. The rest is an assumption based on what you have seen, and could have been mistaken.

Here too we are dealing with distinctions that many major languages do not make. In English one is forced, for example, to distinguish an event entirely in the past from one that bears a relation to the time of speaking: *She **had*** ('have-PAST') *broken her right arm* as opposed to *She **has***. One is not forced to distinguish further between forms we might gloss, in addition, 'have-PAST.KNOWN', or 'have-PAST.ASSUMED'. On other occasions forms like *has* are used in repeating things that one has heard from someone else. Again, however, there are no forms that distinguish 'have-KNOWN' from, alternatively, 'have-REPORTED'. Even when they

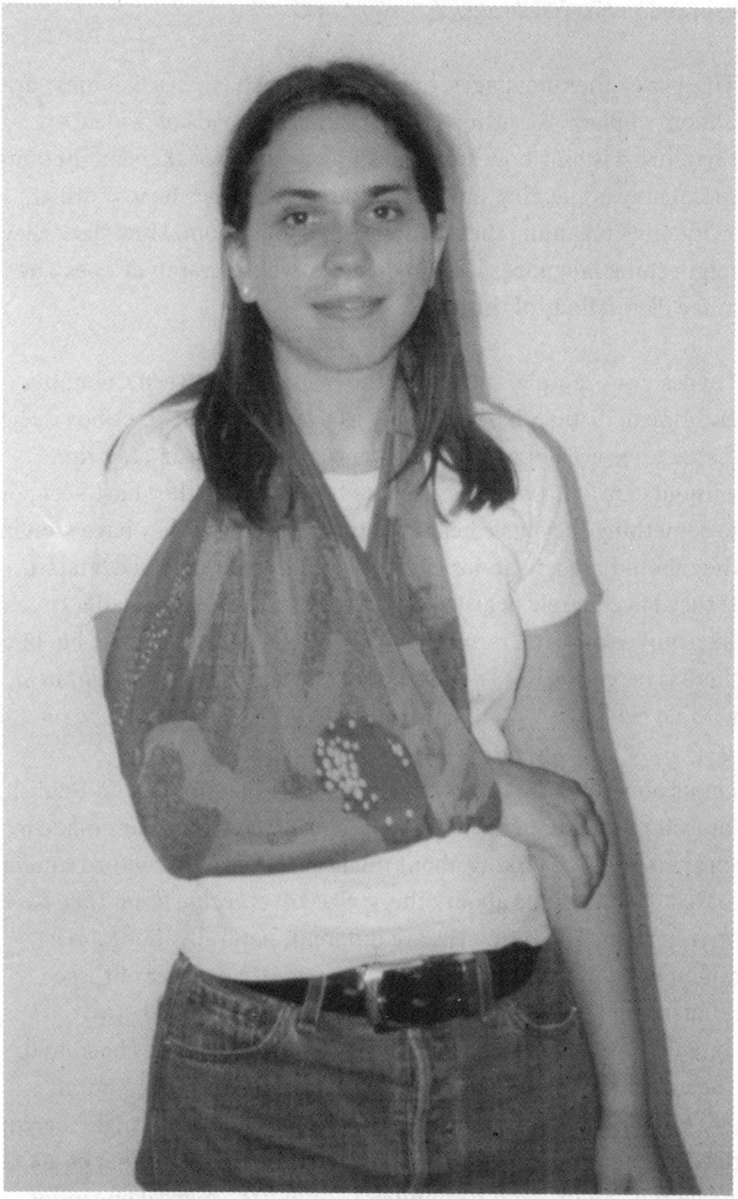

11. A young woman wearing a sling. Has she or has she not broken her arm?

are reporting no more than a rumour, people can still use the same expression *She has broken her right arm.*

There are other languages, however, in which glosses like these are not out of place. Assertions rely on different kinds of evidence; therefore it is only honest and natural, as their speakers might quite reasonably argue, that one should be forced to use forms with an 'evidential' meaning, that distinguish among them. How slack they might think languages like English are, whose grammar does not make distinctions of this sort!

Tuyuca, for example, spoken on the boundary between Colombia and Brazil, distinguishes as many as five 'evidentials' (see box). The distinctions are obligatory: speakers cannot make an assertion without clarifying whether it refers to something they have seen, or to something they have heard about, and so on. If they have seen it, they should use a form for evidential number (1), glossed 'VISUAL'. If they have merely heard about it, they should use instead a 'SECONDHAND' form, number (4). A speaker may, of course, lie; but there is no generalized equivalent of *She has broken her right arm*, with no evidential.

Let us now compare these with some other possibilities. In English, for example, statements like *I have a headache*, which are made by speakers who are talking about themselves, have a structure similar to that of statements about others: *She has a headache* or *They have their hats on.* The sentences are different, naturally; but *I have* differs no more from *She has* or *They have* than either of these differs from the other. Now, in Tuyuca, either of the last two statements could again report things that a speaker has been told. The evidential form would then be 'SECONDHAND', again number (4). A statement equivalent to *They have their hats on* might, again, refer to something that the speaker can directly see. In that case the evidential would again be number (1), 'VISUAL'. A speaker cannot, however, see their own or anyone else's headache. If it is their own they feel it, and the evidential in Tuyuca would be number (2) in

Some examples of evidentials in Tuyuca

There are five evidentials, identified as (1) 'VISUAL', (2) 'NONVISUAL', (3) 'APPARENT', (4) 'SECONDHAND', and (5) 'ASSUMED'. They are distinguished by endings in conjunction with both 'past' and 'present' and a partial indication of 'I', 'you', and so on. Thus, in the first example, the ending *-wí* can be glossed, more precisely, by both 'VISUAL' and 'PAST', and is used in referring to, among others, the 'I' who is speaking.

(1)	atí-wɨ	wáa-wi
	VISUAL	VISUAL
	'I came'	'He went'

Note: One can see oneself as well as someone else.

(2)	mũtúru bɨsí-tɨ	tɨsá-ga
	NONVISUAL	NONVISUAL
	'The motor roared'	'I like it'

Note: A nonvisual form is also used of something that would have been visible, had there not, for example, been a wall in the way.

(3) bóahõã-yu
APPARENT
'(Apparently) I threw it away'
(said of something found to be missing)

Note: 'Apparent' evidentials are rare in reference to the present, and logically excluded in statements with present reference to the speaker. One has direct knowledge, visual or nonvisual, of what one is oneself now doing or feeling.

(4) pũũyukɨ́ mãnĩ-yíro

SECONDHAND

'There weren't any hammocks'

(said after hearing that a shop was out of them)

Note: A 'secondhand' form is used in stories and legends as well as in reporting what the speaker has heard recently.

(5) diágo tii-kú

ASSUMED

'You are sick'

(judgement based on the way someone was groaning)

Note: An 'assumed' form will also be used in stating what can be known, for example, from the state of the world in general or from normal patterns of behaviour.

(From an account by Janet Barnes in the 1980s. A tilde (˜) is the IPA sign for a 'nasalized' vowel: compare, for example, French *on* ([ɔ̃]); [ɨ] is a vowel between [i] and [u].)

the box, 'NONVISUAL'. Someone else's headache cannot be experienced either visually or nonvisually. Nevertheless one might infer it from their appearance or the way they were behaving. The appropriate evidential might accordingly be number (5), 'ASSUMED'.

Such distinctions between evidentials are among the features linguists expect to find in the various languages of a large area of South America. English is among the many languages throughout the world that, from a Tuyuca viewpoint, 'lack' evidentials. That is hardly because they are not needed for precise communication.

It is simply that the histories of these languages happen to have been quite different.

Speaking and thinking

When different languages draw different distinctions, do their speakers still perceive the world around them in the same way? Or do people speaking different kinds of language think of it differently?

At one point, for example, I referred to 'sets' that might have just one member: just one flower, or just one fish. That is not, however, what *set* means in ordinary English. It is one of many words linked regularly to plurals: *a set of chairs*, *a group of several women*, *a bunch of these flowers*, and so on. But such words do not go with singulars: *a set of a chair*, *a group of one woman*, *a bunch of this flower*. Here, as elsewhere, the distinction between singular and plural is obligatory. There is no expression like (as it were) *a set of chair*, where *chair* would equally refer to one chair or to many. In speaking English, one is forced to talk about the world in terms of, on the one hand, single individuals and, on the other, sets consisting of at least two individuals.

To demonstrate that sets can have one member, it is therefore easier to switch to mathematical notation. Thus, if we take a set $\{a,b,c\}$, with members a, b, and c, and subtract from it a set $\{b,c\}$, with members b and c, the result must be also a set, $\{a\}$, which has the single member a. For beginners, however, this can still be something of a revelation. Might it be, then, that when someone has been brought up speaking English, they are predisposed to think in terms of categories, like 'one' as distinct from 'at least two', that it imposes?

If so, other kinds of language, that make other distinctions, might be seen as predisposing speakers to think differently. We must be careful, however, not to infer ways of thinking or perceiving from the evidence of languages alone.

In English, for instance, a sentence like *The colours are nice* has a structure similar to that of *The curtains are red. Colours* and *curtains* are words of one kind: each a plural with a corresponding singular (*colour*, *curtain*), both related similarly to other words before and after. *Nice* and *red* are both words of another kind: neither of them either singular or plural, both with forms that grammars call 'comparative' and 'superlative' (*nicer*, *nicest*; *redder*, *reddest*), each related similarly to *are* and, through it, to the other words. The grammar of English is, in this respect, like that of other major European languages. Words that are grammatically of the same kind are not, however, necessarily alike in meaning. *Red* identifies a physical property of material objects, like, for example, those that would be referred to by *the curtains*. *Nice*, instead, expresses a subjective judgement. *The colours*, too, would refer to physical properties of objects, not to objects themselves. It is not surprising, therefore, that in other languages the grammar may be different. Words with meanings such as 'nice' and 'red' may not have forms that are distinguished similarly, or relate to other words in the same way. *The colours are nice* might have to be translated by a sentence that, if glossed in English, would be more like 'It is nice in colours', or 'It colours nicely'.

Is someone brought up speaking English predisposed, then, to conceive of colours as like objects, or to think of 'niceness' as like 'redness'? Or is that merely how they have been predisposed to use words? The problem is one for philosophers and psychologists, not linguists alone. As linguists, however, we can point to cases where the evidence is more suggestive, at least.

One of the most interesting has to do with relative positions in space. One way, in principle, to represent them is by geographical coordinates: thus, in English, *Beijing is* ***north*** *of Shanghai*, or *Chicago is* ***west*** *of New York*. Another way is to refer to an intrinsic relation: thus, in English, an expression such as *inside* in *The pen is* ***inside*** *the box*, or *between* in *Mary is* ***between*** *Bill and Andrew*. A third way, which is very common in a language such as English, is to refer to a relation as seen from a specific viewpoint. Look, for example, at Fig. 12. From the viewpoint of the camera, one of two adjacent objects intervenes between it and the other: thus (as a speaker of English would represent it) *The glass is **in front of** the vase*, or *The vase is **behind** the glass*. To someone looking from a viewpoint opposite the camera, the relations of 'in front' and 'behind' would then be reversed. They would therefore be represented instead by sentences such as *The vase is **in front of** the glass*, or *The glass is **behind** the vase. To the left of* is a similar expression, whose opposite is *to the right of*. Thus the glass is to the left of the vase if they are viewed from a position to the right of the picture; from a viewpoint to the left, that too is reversed.

12. Two objects on a table. What are their relative positions?

Expressions like these are so normal in English that one is not generally aware of absolute coordinates. The photograph in Fig. 12 was taken, as it happens, with the camera due south: the vase was therefore to the north. If you had been there you might, conceivably, have known this; you might also, for example, have been able to say, if asked, that the vase was slightly nearer to the city centre. Neither, however, has any bearing on the way in which the relation between it and the glass would be represented. The only relevant coordinate is the subjective angle from which it is viewed.

Tzeltal, for comparison, is a language of the state of Chiapas in the extreme southeast of Mexico, for which I rely on accounts by Stephen Levinson. It too has many forms, like English *inside* or *between*, by which speakers can refer to an intrinsic relation. Tzeltal does not, however, have expressions such as *left* or *right*, *in front* or *behind*, which would refer to a subjective coordinate. What matters instead is an absolute coordinate of just the kind that, in the case of what is shown in Fig. 12, a speaker of English would ignore.

Levinson discusses, in particular, a dialect spoken in an area that drops steeply from a range of mountains, roughly to the south, with a valley to the north. Suppose, then, that a speaker sees one object standing to the south of another. They do not have to be within this territory; they might be on a plain, for example, well outside it. The objects, however, are related on an axis parallel to the way it slopes; therefore, from whatever angle the speaker views them, one will be referred to, in the most convenient gloss, as in a position 'uphill'. The other, to the north, will be 'downhill', and other objects, neither 'uphill' nor 'downhill', would, in relation to the same coordinate, be 'across'. For people to speak about the world in that way, they must constantly be aware of how they are oriented. Levinson reports, for example, that speakers of Tzeltal have been led into an unfamiliar concrete cell, with no windows, and could still point accurately in the direction of places where they had been, up to 100 miles away. The way they talk about positions in space obliges them to be dead-reckoners, in a way that speakers of a language such as English, who talk differently, need not be.

This is perhaps as much as linguists, wearing that professional hat alone, can contribute to this argument. But what we do know, certainly, is how wonderfully varied languages can be, in the categories they make explicit, in the kinds of words distinguished, in how their speakers talk in general about their world. That, just in itself, is a great eye-opener and mind-liberator.

Chapter 6
What is a language?

Earlier chapters have touched on the diversity of languages, on change in a specific language, on a language splitting up to form a family of languages. What though, exactly, is a language?

We are insiders and, for many purposes, we have a right to take this term for granted. We all know that English, for example, is one language and French or Arabic are others. Let us reflect, however, on these statements. We say that Chaucer's *Canterbury Tales* were written in English; the Koran in Arabic; the *Song of Roland*, from around the end of the 11th century, in French. Yet a speaker of modern French, for instance, would not understand the poet of the *Chanson de Roland* if they met in the street. We know that English is not spoken in the same way in, say, Glasgow and Jamaica; that the Arabic of Morocco or Algeria is different from that of Egypt or Iraq; that a film in French made in Canada may need subtitles in France. What then are these 'languages' that vary so much?

Obviously, they are abstractions. No single form of speech or writing is called, for example, 'English'. Instead there are many 'Englishes': that of Chaucer's England, or of Shakespeare's; that of Jamaica, or of the West Indies generally; that of South Africa, Australia, and so on. What then, in reality, is English itself?

Language and dialect

The quotation below registers the basic truth that no two people speak, in every detail, in exactly the same way. The context is the splitting of a language into dialects, that might, over centuries, develop into new languages. Italian and French, among others, have developed out of dialects of Latin. So too have many forms of speech that linguists still call 'dialects'. Are these truly different?

> We must in reality distinguish as many languages as there are individuals.
>
> (Hermann Paul, 1880)

Linguists are often asked, for instance, just how many languages there are. The answers they give tend to centre on around 5,000 to 6,000: in the thousands, certainly, but fewer than 10,000. Any estimate, however, is best taken with a pinch of salt. For what count as separate 'languages' for specialists in one part of the world are often much more like each other than the 'dialects' of a single language as described in others.

An Italian linguist, Giulio Lepschy, tells a story that bears on this problem. One day in Venice, which is his home city, he was sheltering from a downpour next to two girls who were speaking in a way he simply could not make out. It was not, he felt sure, any of the languages of the Romance, Germanic, or Slavic families he was familiar with; it did not even seem to be Indo-European. He therefore decided to ask them and, since he was in Italy, asked in Italian. They were rather surprised, but answered at once, in Italian, that they were speaking the 'dialect' of Roseto degli Abruzzi, half-way down the Adriatic coast of Italy, which was where they came from. Now this form of speech is one of many throughout Italy whose origins, like that of French or Spanish, or Italian itself, are in what were, over a thousand years ago, varieties of Latin. For specialists in Romance linguistics, it remains a 'dialect'. Nevertheless he, as an Italian from Venice, had not understood one word of it.

Why should it not be counted as a separate language? The short answer is that that is not how people in Italy describe it. The reasons, however, lie deep in their cultural history, especially in the status of Italian as a written language. 'Nothing is a language', as the scholar Pietro Bembo defined it in the 16th century, 'that does not have a literature'. But that criterion makes sense only in societies with a long tradition of literacy. If 'literature' means literature in writing, no 'languages' at all would have existed, in large areas of the world, until at best recently.

Boundaries between states can also influence the way these terms are used, as can broader ties of nationhood or ethnicity. Max Weinreich's brilliant epigram (below) was originally in Yiddish, a language (?) or a dialect (?) once spoken widely among Jews in Eastern Europe, though never that of a political unit. For many linguists, however, the essential test is how far people using different forms of speech can understand one another. This is a matter of degree, and depends in part on how far they adapt their speech, perhaps subconsciously, to make understanding easier. Nevertheless, by that criterion, the girls from Roseto degli Abruzzi were bilingual. They were speaking one language among themselves, and Lepschy spoke to them in another. Naturally they answered in that.

> A language is a dialect with an army and a navy.
>
> (Max Weinreich, 1945)

Whatever our criteria, 'dialects' too are obviously abstractions. Are we talking of a form of speech specific to Roseto degli Abruzzi, or of how large a territory that includes it? Remember that a form like 'New York English', as identified by William Labov, had striking variation within it. Our basic problem therefore concerns any form of speech in general, dialects included.

Languages as systems

It would be wise, in this light, not to get hung up on what we call things. Both 'dialect' and 'language' are terms applied to ways of speaking we perceive as different. There are many others: 'patois', for example, is a French term for a local form of speech distinguished within broader dialects; a 'creole', as linguists define it, is a form historically derived from an earlier 'pidgin'. Some 'languages', like Latin as it is still taught in Europe, are primarily not forms of speech, but written. Others, like the gestures used by signers, are not forms of speech at all. But, in any of these cases, what exactly are we studying, and what status has it?

One answer is that we are studying a system. This may not at first seem such a striking insight: any 'way' of doing something such as speaking might be said to be a 'system' governing how one does it. The idea, however, is that a linguistic system is determinate: we can say in principle exactly what it is and what lies outside it. Within it units form a self-contained set of relations: each linked, directly or indirectly, to each of the others. The formula below, which was originally in French, sums up this insight perfectly.

> A language forms a system . . . in which everything holds together.
>
> (Antoine Meillet, 1906)

The relations that form systems are in part of contrast. In English, for example, 'singular' contrasts with 'plural'. In Tuyuca, each of the five evidentials (see the box in the last chapter) contrasts with each of the others. If a word is in, for instance, an 'ASSUMED' form, that excludes the possibility that it has the meaning of a 'VISUAL' form, or of a 'NONVISUAL' form, or of an 'APPARENT' form, or of a 'SECONDHAND' form. The possibilities are just these, no indeterminacies blur them, and if there were four evidentials, say, instead of five, the network of relations would be different. In investigating any language one thing linguists look for at once are the sets of contrasts, like these, to be found within it.

Where forms contrast, however, we can also abstract rules. *Boys*, to begin with a simple illustration, is one of many English plurals ending in *-s*: phonetically, that is, [z]. It is therefore formed on what grammarians call a 'regular' pattern. 'Regular' has in origin the meaning 'by rule' (Latin *regula*), and in teaching foreign languages it often helps to make such rules explicit. Start from the singular, as the rule might say in this case: *boy*, for example, or *girl*. Then, if it is for written English, add *-s* to the end: *boy* + *s*, *girl* + *s*, and so on for all other words of this kind unless their plurals have to be learned individually. There is evidence, moreover, that a rule like this is not just the invention of linguists and language teachers. *Mouse*, for example, has the irregular plural *mice*: 'irregular' means 'not by rule'. To be precise, *mouse* has *mice* as its plural in its basic sense of 'rodent of the family Muridae'. In the sense, however, of 'device for moving a cursor' it quite normally has a plural *mouses*, as a further general rule ((2) in the box) predicts. Some experiments in the 1950s made use of a nonsense word *wug*, referring to a drawing of a bird-like creature. How, for example, would young children form a plural from it? Answer, as we would expect for words of this form, *wugs* ([wʌgz]).

Rules are also part, then, of the systems linguists describe. There are rules, however, not just for grammatical endings, like [z]. Many are instead for ways in which words are combined and ordered. Take the sentence *A young woman will be coming*. In place of *a young woman*, one would not say, for example, *young a woman*; nor, except allowably in old-fashioned verse, *a woman young*. Nor would one say *be coming will*, or *be will coming*; *Will be coming a young woman*, or *A young will be coming woman*. To explain why is to posit rules that people seem to follow when they are saying what they do say.

To suggest that rules are 'followed' is perhaps to risk a slight misunderstanding. People 'follow', for example, an explicit recipe or route map. They might thus explain, if asked, that when they add an egg, or turn left at a crossroads, they are following an instruction

How to form a plural in English

The most general rule, for English as it is written, is to add *-s*: singular *boy*, plural *boys*. In this example, *s* represents [z] ([bɔɪz]); similarly in [klɔːz] (*claws*), in [rʌgz] (*rugs*), in ['wɛpənz] (*weapons*), and in many others. The rule for these, then, is:

(1) Add [z] to the singular.

In writing, however, the ending can also be *-es*: singular *box*, plural *boxes*. This represents [ɪz], which is found, more generally, when singulars end in one of a specific set of consonants. These include the [s] in *box* ([bɒks]) and the [z] in, for example, *rose* ([rəʊz], plural ['rəʊzɪz]); also [ʃ] as in *bush* ([bʊʃ], plural ['bʊʃɪz]), [tʃ], as in *church* ([tʃəːtʃ], plural ['tʃəːtʃɪz]); and [dʒ], as in *fridge* ([frɪdʒ], plural ['frɪdʒɪz]). Such consonants are called 'sibilant', and we therefore add a subrule:

(2) Insert [ɪ] between [z] and a preceding sibilant.

Finally, *-s* also represents [s]: thus [kats] (*cats*), [dɛsks] (*desks*), or [klɪfs] (*cliffs*). In all these, the preceding consonant ([t], [k], or [f]) is of a class called 'voiceless'. We therefore add a further subrule:

(3) Change [z] to [s] when a preceding consonant is voiceless.

(3) then applies in any case not covered independently by (2).

(These rules also cover a few plurals that are only partly regular: for example, plural [liːvz], with regular [z] but [v] (*leaves*), only partly matching [f] in [liːf] (*leaf*).)

given. Speaking, clearly, is not governed literally in that way. Suppose one asks: *Can Mary help?* If pressed to say why, one would not explain that, in a question, words like *can* must come first; or that one would break a rule by putting *Mary* after *help*. One simply takes for granted that a sentence like this will take that form.

Nevertheless each of the rules implied expresses a true 'regularity'. The way the first two words are ordered contrasts with the way they are arranged in *Mary can help*, which is typically a statement. A question *Will Bill help?* is different in the same way from *Bill will help*; *Could you come?* from *You could come*; *Was she here?* from *She was here*; and so on for as many pairs of sentences as we can think of. We can thus abstract a rule for questions and for statements generally, from an effectively endless set of similar contrasts. The other rule would exclude, for example, *Can help Mary?* There is no contrast here: the rearrangement simply makes no obvious sense. Neither, however, would *Will help Bill?*, or *Could come you?*, or *Was here she?*, or *Must put it on the table Peter?*, and so on, for all other combinations of this kind. The rule or rules abstracted apply, 'regularly' again, to all of them.

What speakers take for granted linguists therefore try to make explicit. Recall especially the redundant structure so essential to the efficiency of speech. To ensure this many combinations of its elements must be, literally, ruled out. That is, their exclusion must be regular. What they are will vary from one language to another, and the rules involved are real and central to each.

So what status have they?

Many linguists see this as the centre of their subject. Linguistics in the past half-century has been dominated by discussion of the kinds of unit languages distinguish, of the forms of rule they include, of how rules mesh with one another, of how the system as a whole is organized into subsystems. This forms the core component of most courses in linguistics, and the core too, sometimes the whole substance, of most current textbooks.

The way textbooks are organized reflects in part reality; also, in part, convention and ease of exposition. Let us reserve this, therefore, for the section at the end of this book which will suggest further reading. The problem that concerns us in this chapter is again the nature of such systems, or of 'languages', in general.

One view is that, in describing 'a language', we are describing structures present in speech, in what people say and could say. 'What people say' or 'could say' is already an abstraction. The language could be seen, however, as a set of ideal sentences, extrapolated from those heard from, or acceptable to, speakers. Noam Chomsky's definition in the 1950s is a classic formulation, and in practice this view is still fruitful.

> I will consider a *language* to be a set (finite or infinite) of sentences, each finite in length and constructed out of a finite set of elements . . .
>
> The fundamental aim in the linguistic analysis of a language L is to separate the *grammatical* sequences which are the sentences of L from the ungrammatical sequences which are not sentences of L and to study the structure of the grammatical sequences. The grammar of L will thus be a device that generates all of the grammatical sequences of L and none of the ungrammatical ones.
>
> (Noam Chomsky, 1957)

Another view, however, sees the 'language' as the system itself. Take, as a starting point, two people who are judged to have a language in common. Since they share it, one of them might ask the other, say, to pass some object; the other hands it over, and in doing so, may speak and will be understood in turn. Exactly what they say will be

13. Ferdinand de Saussure (1857–1913).

Ferdinand de Saussure

Saussure (Fig. 13) is famous for a *Course in General Linguistics* (1916) that he never actually wrote. He had lectured on the subject three times between 1906 and 1911, but the book was composed by others after his death, largely from notes taken by his students.

It makes a strict distinction between individual acts of speech (French 'parole') and the language ('langue') shared by the members of a society. The language itself is a system with objective reality in this society. A second basic distinction is between a language as it exists in a given period, and its history from one period to another. Linguistics then has two main branches: one 'synchronic' ('simultaneous in time'), the other 'diachronic' ('through time'). A famous analogy compares the history of a language with the progress of a game of chess. To study it synchronically is to describe the pieces on the board at any moment between moves. To study it diachronically is to say how they have reached these positions.

Such ideas have dominated most work in linguistics from the 1920s until now. In more dated terms, Saussure spoke of a language as a system of, in French, 'signes'. In each 'linguistic sign', a 'signifier' (French 'signifiant') is coupled with something 'signified' ('signifié'). *Girl*, for instance, can be represented by the coupling of a mental impression of its sound ('[gəːl]') and a 'concept' ('girl'). Signs are established solely by distinctions between them and other signs within a system.

The term 'structural linguist', in use from the 1930s, refers especially to linguists who explicitly followed Saussure.

appropriate to what they are doing, to the object in question, to the way they are related socially, as close friends or possibly as people who have just met, and to many other factors independent of the language itself. Yet if they did not share the same words and the same rules by which words are ordered and contrasted, they would not be able to communicate in that way. The 'language' is this abstract system that, sufficiently at least to understand each other, they both have.

'Have', though, in what sense? One classic account is that of Ferdinand de Saussure (see box), in which the system common to such people exists in a whole community. This view comes nearest to the way a language such as 'English', or the dialect of Roseto degli Abruzzi, may appear to us before we start to worry about what it is. The answer, however, that most linguists might now claim to work with rests on subsequent accounts by Chomsky (see box in the next chapter). To speak a language is in brief to 'know' it, and the 'knowledge' of at least one will develop in each person in their childhood, in the mind of each child individually. The precise form it will take may vary, even among people who appear to speak alike, since each mind develops, in response to individual experiences, in part independently. I, the author, have my 'English', as a system I acquired as I grew up in my own family. You, the reader, may have similarly acquired your own 'English'. Our individual 'Englishes' are at least sufficiently alike for you to understand, or feel you understand, what I am writing. Only they, however, are real. Any 'English' in a wider sense will be a secondary abstraction.

Yet it is this secondary construct that most interests us. We all talk in practice, once more, of such languages as English, Arabic, or French; of Egyptian Arabic or the Arabic of Cairo, of American or Irish English, and so on. Their identity, however, is an interesting philosophical problem, and it is in the nature of philosophy that we will often find revealing problems and obscurities in what seems the commonest of common sense.

Chapter 7
How much is systematic?

To say that languages are systems is in principle to draw a line around what we are studying. 'Everything that forms a system is linguistics; what is not a system isn't language.' A line drawn in another way might nevertheless include much that is far less obviously determinate.

How many different ways, for instance, can the voice move up or down in saying *No*? Suppose one says it firmly to a child, who is about to do what they should not do. The pitch, in that case, might start in the mid to low part of a speaker's range, and move slightly lower. What if it instead begins much higher, and then falls more sharply from there? That might possibly be said in protest: 'no, I am not going to do what you want'. Now start in the mid range; let the pitch at first fall slightly, but then raise it higher. This might perhaps express doubt as to what has just been said: 'is that really not so?'. Then let the fall again start higher, with the rise too higher in turn: that might merely intensify a feeling of surprise. Such patterns vary from one form of English to another. There will be readers, therefore, whose impressions may not match what I have said. Like other features, they too can change. Older British speakers, for example, often comment on the way the pitch now tends to rise, in speakers in their teens or twenties, at the end of statements.

Are differences in pitch, however, like those between singular and plural, or between contrasting patterns of word order? We can clearly try to see them in that way. Thus, in one analysis, a relatively high pitch contrasts with a relatively low; one that is 'extra high', as a further parameter, with one 'not extra high'. How far, though, can an analysis like that be taken? Thus, to continue, *No!* could at the outset have a middish pitch but be cut short: this is sometimes what is represented, partly, by the spelling *Nope!* It could alternatively be prolonged to varying degrees, with or without slight variations in pitch. How far, moreover, is it possible to pin down differences in meaning, among 'firmness', 'doubt', 'surprise', and so on?

In one sense, this is clearly part of 'language', and of a specific language as specific people speak it. Yet, if differences in pitch or meaning cannot be reduced to exact contrasts, they are strictly not part of one's knowledge of it as a system. Some linguists have described them as peripheral to 'language', or as having no part in it. They are features of speech, even 'regular' in an everyday sense; but indeterminate.

Can patterns that affect words also be less systematic? A rule can have 'exceptions': thus the rule in English for a regular plural has exceptions, such as *mice* from *mouse*, or *women* (['wɪmɪn]) from *woman* (['wʊmən]). What, though, of the rules abstracted from relations between words or larger units? Do these have exceptions, or are they possibly more slippery?

Rules as constraints

One fascinating illustration is the use of words in *-self* or *-selves*: *her**self***, for example, or *them**selves***. Take, for example, *Mary got herself paid*. In *Mary got her paid*, where there is no *-self*, *her* and *Mary* will refer to different people, someone who is paid and someone else called 'Mary'. But *herself* would not refer to someone else. Compare *The boys got* ***themselves*** *paid*, in contrast with *The boys got* ***them*** *paid*. *The boys* and *them* could only refer to different individuals; *the boys* and *themselves* cannot.

The form in *-self* or *-selves* is thus linked, as grammars put it, to an 'antecedent': *herself* to the antecedent *Mary*; *themselves* to the antecedent *the boys*. One prospective rule prescribes, then, that a word in *-self* or *-selves* must take its reference from an expression earlier in a sentence with whose meaning it is compatible. If the rule is watertight, such words will always be used in that way.

This rule has been intensely studied, and, on closer analysis, it breaks down into three parts. Each is effectively a constraint on what, hypothetically, will make sense in the language. If the hypothesis is right, then break the bounds of any of them and what one says will be at least odd.

The first constraint is simply that a form in *-self* or *-selves* must have an antecedent. It should thus make sense to say to someone *Get **her** paid!*, since *her* has no *-self*; but not *Get **herself** paid!*, where there is no earlier expression to which *herself* is linked. The rule we have identified is, in part, confirmed if no examples like this last one can be found.

The second constraint is that antecedents have to be compatible in meaning. *Herself* is both singular and feminine; thus in *Mary got herself paid* it will be compatible with *Mary*, as the name of an individual girl or woman. It is hard, however, to make sense of *The boys got herself paid*, if *the boys* refers, as it usually does, to two or more individuals who are male.

The third constraint is that the antecedent is within a sentence. The facts, however, are in this case not so simple. Take, for example, *Mary said Jane got herself paid. Mary* and *Jane* are both names compatible with *herself*; therefore, from what has been said so far, we might expect its antecedent to be either. Instead, however, it seems clear that payment would be to Jane. Otherwise the natural form would be not *herself* but *her*. The reason many have suggested is that there are smaller units, within sentences, by which links to antecedents are still further constrained. We can mark their

14. Noam Chomsky (1928–).

boundaries with brackets, and, in this case, *Jane* and *herself* are within one: *Mary said* [***Jane*** *got* ***herself*** *paid*]. Therefore they are linked. *Mary*, however, is outside it: ***Mary*** *said* [*Jane got* ***herself*** *paid*]. Therefore, if the hypothesis is right, that link is excluded.

This third kind of constraint has played a large role in the case Noam Chomsky (see box) has presented for a 'Universal Grammar'. What

Noam Chomsky

The direct influence of Saussure (see box in the last chapter) was increasingly replaced by that of Chomsky (Fig. 14) from the 1960s onwards. His first book, *Syntactic Structures* (1957), was already famous for his concept of a 'generative grammar', as a set of rules for what is 'grammatical' in a language; also for a 'transformational grammar', as one kind of grammar in that sense.

His most important idea, however, is that basic properties of language are determined by our genes. In investigating a specific language, we abstract the structures in the minds of speakers that must have developed, early in their childhood, as they came to master it. But we must then explain how that development was possible. The more intricate such structures are, the less likely it appears that they develop solely on the basis of the speech that children hear, with the contexts in which it is heard and other relevant external 'input'. If we cannot explain them in that way, the only alternative is that they are genetically inherited.

To say that someone 'knows' a language is in his account to say that (at least among other things) they know its grammar. Hence, to use Chomsky's term, what every human being must inherit is a 'Universal Grammar' (abbreviated 'UG'). His conception of UG is still constantly evolving; but in an influential theory he developed in the 1980s, it included principles of grammar that would hold for every language, with 'parameters', whose alternative values were fixed differently in languages of different types, as the minds of children developed their knowledge of them.

Convincing or not, the argument is one that many people far beyond linguistics have found very challenging.

holds for forms like *her* and *herself* will hold similarly, at least, for other elements: especially, at a very abstract level, in the way a unit like those in square brackets is defined. What holds for English also holds, in part at least, for other languages. The theory, therefore, is that the constraints in English realize, in a way in part specific to this language, still more abstract principles that apply to languages in general. The way they operate is through genetic inheritance.

Are rules absolute?

It is tempting to stop at this point. Many textbooks do, and what follows is a sample of the detail left aside. Our question, however, was whether systems of rules were wholly determinate. How faithfully does actual speech or writing follow them?

Take, for a start, the exception illustrated in the box opposite. In both examples forms in *-self* are used without an antecedent, directly contravening the first part of our rule. In both, again, the speaker could have used a form without *-self*: *I and most other GPs*; *either **hím** or* (with parallel emphasis) *some **óther** minister*. In both, however, forms in *-self* are joined to another expression: in one, by *and*, to *most other GPs*; in the other as part of an '*either . . . or . . .*'. It is unlikely that, in the first example, *myself* would have been used on its own: *the guidelines that myself adhere to*. Instances with *and*, however, are in no way strange in educated British English. It would be odd, for example, to get a message saying *Myself cannot come this afternoon*; but one beginning *Pat and myself* . . ., or *Our wives and ourselves* . . ., would in practice be quite normal. In the second of these, *our wives and we* might be, if anything, less likely.

It is possible that, at this point, we are dealing with no more than an exception. In general, forms in *-self* require an antecedent; but not, specifically, when they are joined to parallel expressions in this way. There are other cases, however, where an independent factor seems to intervene.

> ## Why not forms without *-self*?
>
> **the guidelines that myself and most other GPs adhere to**
> **(member of General Medical Council, radio interview, March 1999)**
>
> **Would it be possible at some stage to require either himself or some other minister to . . .**
> **(question in House of Commons, December 1992)**

Let us return, for example, to the basic contrast between forms in *-self* and forms without *-self*. In *He extricated himself*, the 'himself' (if we can put it that way) is again identical to the 'he'; in *He extricated him*, the 'him' in contrast must be someone different. What then of *myself* and *me*? At first sight, these too seem to fit the pattern perfectly. In *I extricated myself*, the form in *-self* is again linked to an antecedent. The person referred to would be the same 'I', who is the speaker. There is then an apparent contradiction in *I extricated me*. *Me* has no *-self*, and the person it refers to should accordingly be different. How can that be, however, when it too refers to the speaker? By this logic, *me* makes no sense.

Following the same logic, one would usually say *You extricated yourself*; not *You extricated you*. What people usually say is not necessarily, however, what they always say, in all circumstances. Look, for example, at the three examples in the box overleaf. In the first, the form could equally have been *for yourself*. Note, however, that *you* will be read with emphasis: *You do an MBA for* ***yóu***. In the next, *me* could alternatively have been *myself*. Again, however, it is emphasized: *I bought it for* ***mé***. The speaker was distinguished from the rest of the family, dog included. In the third example, *me* and *I* both have a similar prominence: ***Í'd*** *have held the gun at* ***mé***. Here, too, the script could have read *myself*. One might speculate, however, that the actual 'me', at whom the gun would have been held, is subtly different from an imaginary 'I' who would be in the other character's shoes.

In the light of these examples, could one after all say something like ***Yóu*** *extricated* ***yóu***? It is hard to imagine circumstances in which one might. It is not easy, however, when we are dealing with a factor such as emphasis, to draw a line between what is possible and what is not.

Why is there no *-self*?

You do an MBA for you: it's the first step to being an entrepreneur.

(advertisement in *The Economist*, 1990s)

I bought the [make of car] for me, but everyone else thinks it's theirs.

(advertisement on TV, 2002)

If I'd heard what you'd heard I'd have held a gun at me.

(film, date untraced)

Now look, finally, at our last box. The rule as we described it would exclude, for instance, *Mary said* [*they got herself paid*]: on the one hand, *herself* could not have *they* as an antecedent, since their meanings are incompatible; on the other, it could not be linked to *Mary*, which is outside the unit in square brackets. Yet the sentence from Trollope is exactly like this: ***She*** (the antecedent) *was sure* [*that he* (incompatible) *would never fall in love with **herself***]. Both this and the example from Jane Austen override the rule that we have given; and, although both are from novels written in the 19th century, neither is at all unclear to readers in the 21st. In Jane Austen's case, the brackets would be, similarly: [*that Mr Knightley must marry no one but herself*]. It is very hard, however, to see what else she could have written. *No one but her* would have made sense, but not so obviously the one intended. The character 'Emma' is the 'her' of *through her*, and, if *no one but her* was read without emphasis on *her*, it could easily be taken to refer to someone else (Harriet in the context). At best it might once more refer to either of them: compare, in a more straightforward illustration, *Mary said* [*that he had paid her*].

> ## Where is the antedecedent?
>
> **She was sure that he would never fall in love with herself.**
>
> **(Trollope, *Ayala's Angel*, 23)**
>
> **It darted through her, with the speed of an arrow, that Mr Knightley must marry no one but herself.**
>
> **(Jane Austen, *Emma*, III.11)**
>
> **Bagshaw was at once attentive to the idea of an American biographer of X. Trapnel seeking an interview with himself.**
>
> **(Anthony Powell, *Temporary Kings*, 4)**

For the structure of the last example in the box, compare *Mary liked* [*Jane paying it to herself*]. *Herself*, especially if not emphasized, will again be linked, within the brackets, to *Jane*. Now in the passage from Powell, *himself* is compatible, in similar brackets, with *an American biographer of X. Trapnel*. Yet that is not its antecedent. Instead it has to be understood with *Bagshaw*, which is again outside this unit. Why, in that case, did Powell not write *him*? One reason, perhaps, is that it might be taken to refer to Trapnel, even though by this stage in the story he is dead.

Where do such illustrations leave us?

There is nothing here to suggest that linguists should not try to formulate rules. The principles that Chomsky and his followers have identified do tell us a great deal about these forms in English at least. They are nevertheless abstractions, and abstractions can be on many different levels.

At the highest level, many linguists search for constraints that reveal the character of language, or of languages, in general. That is the excitement, above all, of Chomsky's Universal Grammar. If he is right, it is entirely reasonable to concentrate on what belongs to it, and abstract away from interfering factors that do not.

At a lower level of abstraction, there are what we might call rules for exceptions. They run counter to more general principles, but their scope could still be precise. Perhaps, for instance, there are exact conditions under which one might say something like *myself and most other GPs*. At a still lower level, explanations may be harder to pin down. In particular, we must often pay attention to the very specific circumstances in which people are speaking or writing on specific occasions.

The way such words are used can also shade into the detail that belongs more readily to a dictionary. Compare, for example, *They controlled themselves* with *They behaved themselves*. In the first, *themselves* contrasts with *them*, and could easily be emphasized:

*They controlled them**sélves*** (but not, in contrast, others). In the other, we are dealing with a single complex unit ('to behave oneself'). The form in *-self* is part and parcel of it; and, in contrast, *They behaved* **them** does not readily make sense. Forms like this might also be found in a dictionary of idioms. Take, for example, *You must pull yourself together*. 'To pull oneself together' has a meaning as a whole, which does not precisely follow from the literal meanings of these words. Could one extend this to, for instance, *You must pull him together*? Eventually we will find that we are struggling to set limits to word play.

One of the beauties of language is that it can be investigated at such varied levels of abstraction. Many linguists find the details an unending marvel, and some positively relish its less systematic aspects, which most clearly reflect the passing circumstances in which people speak or write. For many others, the most abstract patterns are profoundly revealing, and to get at them all else is set aside. Linguistics has to be a broad church, with a place for minds of either bent.

Chapter 8
Sounds

As words and meanings contrast, so do units of sound. A [d] in English, in words such as *den* or *door*, is in itself distinct from [t], in *ten* or *tore*, or [p] in *pen* or *pour*. The [ɛ] of *ten* can be abstracted as another unit, in contrast with the [a] of *tan* or [ɪ] in *tin*. Stress on the first syllable, in [ˈbɪləʊ] (*billow*), is similarly in contrast with stress on the second syllable, in [bɪˈləʊ] (*below*). The basic evidence is, naturally, that the words as wholes have different meanings.

In their sounds, too, different languages have different systems. In Spanish, for example, there are five distinct vowels. They fit, conveniently, the letters of the Roman alphabet: *a* in, for example, *caro* 'dear' or *carne* 'meat'; *e* in *dedo* 'finger' or *dentro* 'inside'; and so on. Think, however, of the problem Spanish speakers face in trying to learn English. English does not just have many more vowels, but different kinds of vowel follow, in part, different rules.

That there are more of them is obvious at once. The [ɛ] of *dead*, for instance, has a sound like that of Spanish *e* in *dedo* or *dentro*; so, too, however, has the [eɪ] of English *dado* ([ˈdeɪdəʊ]) and, in many accents, a long [ɛː], or diphthong [ɛə], in *dared*. The different rules may be less obvious. There are many words, however, ending in vowels such as [eɪ] or [iː]: *day* ([deɪ]), *tea* ([tiː]). There are also words like *paying* or *seeing* in which [eɪ] or [iː] combines with a

Two classes of vowels in English

The transcription we are using is specifically of English in the south of Britain: in other forms the contrasts can be different. In this form, however, one class has six members, all of which can be distinguished in words of one syllable, with a consonant following.

Class A ('short')

ɪ	***(pit)***	ʊ	***(put)***
ɛ	***(pet)***	ɒ	***(pot)***
a	***(pat)***	ʌ	***(putt)***

All six can also be distinguished in stressed syllables in general: thus, in the first column, *bitter* (['bɪtə]), *better* (['bɛtə]), *batter* (['batə]). Again, however, all six are distinguished only if a consonant follows.

Class B also has six members, two transcribed as 'long' and the other four as 'diphthongs'.

Class B

iː	***(beat)***	uː	***(boot)***
eɪ	***(bait)***	əʊ	***(boat)***
ʌɪ	***(bite)***	aʊ	***(bout)***

These do contrast without a following consonant: thus, in the first column, *pea* ([piː]), *pay* ([peɪ]), *pie* ([pʌɪ]).

The arrangement in columns reflects, in particular, the nature of the diphthongs in Class B. In [eɪ] and [ʌɪ], the change in sound is towards that of the [ɪ] of *pit*; in [əʊ] and [aʊ], it is towards that of the [ʊ] in *put*.

vowel directly following. With an [ɛ] or [ɪ] such patterns are excluded: we find no contrasts, for example, between forms like [deɪ] and [dɛ] or [tiː] and [tɪ]. This is characteristic of a class of vowels conventionally called 'short' (Class A in the box). We can thus abstract a general rule by which this kind of vowel is possible only under certain conditions.

The units that such rules refer to are themselves abstractions. How do they relate, then, to the physical reality of the sound that comes from speakers' mouths?

The answer might, at first, seem very simple. In writing, say, *pat* one first writes the letter *p*, then the letter *a*, and then the letter *t*. It is therefore very easy to assume that, when the same word is 'pronounced', it can be divided into three successive 'sounds': first, a 'sound' [p]; then, as [p] ends, a second 'sound' [a]; then, as that ends in turn, a final 'sound' [t]. Each 'sound' would thus form a distinct 'slice' of the total signal that a speaker transmits. When words themselves are combined, they in turn form larger 'slices'.

If matters were so simple I would not, of course, put terms like 'sound' or 'slice' in scare quotes. Look, however, at the spectrogram in Fig. 15. The same recording was used earlier, in Chapter 1, to confirm that signals like this were continuous. At that point all we needed was a wave form (Fig. 1). The spectrogram is more informative, but 'slices' corresponding to words still cannot be seen. Nor is it always obvious where 'sounds' corresponding to a vowel or consonant begin or end.

To see why, we must understand the basic mechanisms by which the acoustic signal is produced.

How sounds are made

Take, for example, the sound 'Ah', as said aloud to a doctor who wants to examine a patient's throat. This is one of the simplest

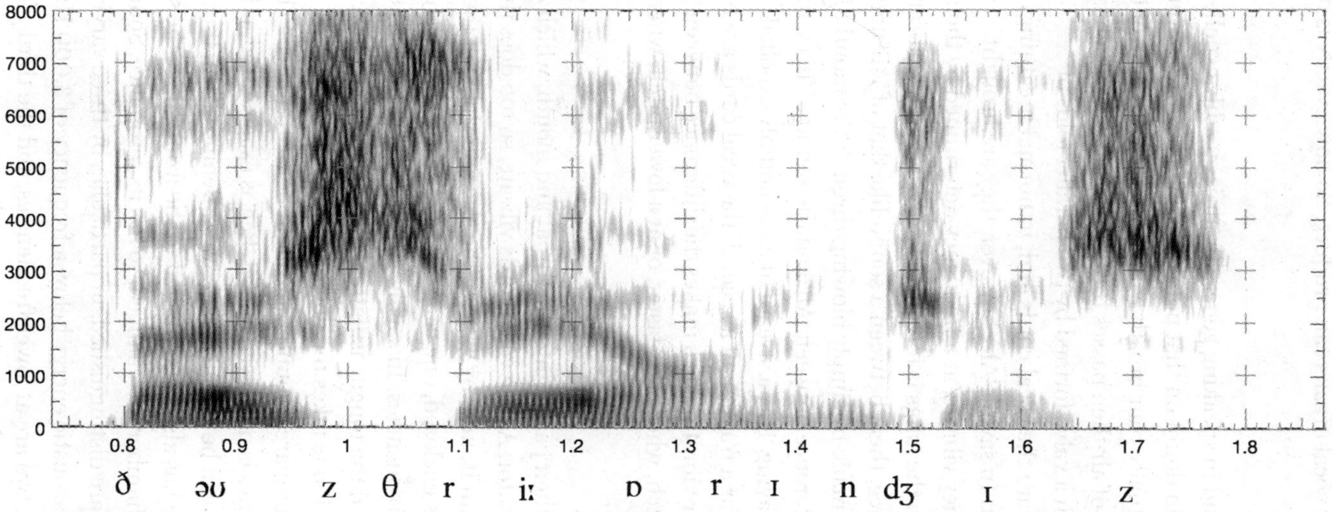

15. Spectrogram of *those three oranges*. A spectrogram displays the changing levels of acoustic energy across a range of frequencies. The time scale, measured arbitrarily in tenths of a second, is from left to right, the scale of frequencies, in Hertz (Hz), is from bottom to top. Higher levels of energy, above a set threshold, are registered by darker traces. The accompanying transcription indicates approximately when successive vowels and consonants are heard: IPA [ðəʊz] (*those*) [θriː] (*three*) [ɒrɪndʒɪz] (*oranges*).

sounds the human vocal organs can produce. So how exactly is it done?

As one says this, and in speaking generally, air is steadily expelled from the lungs. If in doubt on that point, try saying 'Ah' for several seconds, and eventually your breath will run out. At the base of the throat this stream of air then passes through the larynx, which is a box-like organ with a valve formed by two parallel folds of membrane. These are the vocal cords and, in normal breathing, they are held apart. In saying 'Ah', however, they are brought together, so that they vibrate, at a frequency determined by their tension, as air from the lungs is forced between them. This vibration makes the difference, then, between a sound like that of 'Ah' and one that might be made by simply blowing through the mouth. It also makes the difference between 'Ah' and the sound of 'h' in, for example, 'Ha'. In saying 'Ha', a stream of air is audibly expelled; but at the beginning, for a fraction of a second, the vocal cords are not yet vibrating. Their vibration also makes the difference between 'Ah' said at a higher pitch, where it is faster, or at a lower pitch, where it is slower.

The stream of air then passes into the throat and mouth, which act as a complex resonator. As the vocal cords vibrate, so too does the column of air within it; and, by varying the size and shape of the space in which it is enclosed, one causes it to resonate selectively across a range of frequencies. In saying 'Ah', the gap between the jaws is widened and the tongue is flattened and retracted. One can see this, naturally, if one takes the doctor's view by looking in a mirror. But now compare a sound that might be written 'Eee'. The gap between the jaws is narrowed and, if 'Eee' is exaggerated, it is likely that the lips will be stretched sideways. Behind them, the body of the tongue has also been pushed to the front. Since the size and shape of the chamber has changed, so has its resonance. Sounds like 'Ah' and 'Eee' are distinguished, in particular, by three varying concentrations of acoustic energy below a frequency of 3,000 Hz. In the case of 'Ah', two are at lower frequencies, and the third higher. In the case of 'Eee', one is near the top of this range of frequencies, another a little lower, one a lot lower.

Similar concentrations show up as the horizontal bands in Fig. 15: compare, in particular, their frequencies above the points at which the [iː] of *three* and [ɒ] of *oranges* are placed in the transcription. It will at once be obvious, however, why the [iː] and [ɒ] cannot form two precisely separated 'slices'. As one says this, one can see in a mirror that the tongue is quickly drawn back. In front the lips are also moving, and that too modifies the resonator. Such changes are continuous, and as they take place the acoustic signal will continuously vary. This variation shows up in the way the bands in Fig. 15 bend across the range of frequencies.

In speech in general, sound effects like these combine with several others, some of which can also be sensed separately. Say 'Shh', for example, as you might in telling someone to keep quiet. Little can be seen, in this case, in a mirror. One can feel, however, that the tongue is raised towards the front of the mouth, and that its sides are in firm contact with the sockets of the upper side teeth. Air flowing from the lungs is thus forced through a narrowed passage in the middle, towards the front teeth that lie in its path. We can think of this passage as like a gorge through which a river passes, and the teeth as like a row of boulders. The flow of water, when it hits them, is already fast and turbulent. The air stream is affected similarly, and the sound of 'Shh' is the sound of its turbulence.

In saying 'Shh', the valve formed by the vocal cords is open; in saying 'Ah', they are again vibrating. In a word, then, like *Shah* it is easy to identify a consonant ([ʃ]) and vowel ([ɑː]) with 'sounds' whose character and timing are distinct. The [θ] of *three* is also characterized by turbulence, produced in this case with the tip of the tongue placed so that air is forced through the top teeth. The acoustic effect, as can be seen in Fig. 15, is again very different from the 'Eee'-like character of the vowel.

It is not nearly so easy, however, to make out an [r] between [θ] and [iː]. An [r] in, for example, [riːd] (*reed*) is also produced with the vocal cords vibrating. It is obvious, however, that they are controlled by muscles separate from the tongue and those controlling the position of the lower jaw and other relevant organs. Therefore their actions can be coordinated in much subtler ways.

Stops

Let us return, for a clearer illustration, to *pat* [pat]. It can be felt at once, and seen in a mirror, that as this word begins the lips are briefly pressed together. They are also pressed together in *mat* [mat], with air passing through the nose. The passage through the nose then acts briefly as a further resonator. But in [pat] that passage too is closed off, as it also was, by implication, in both 'Ah' or 'Shh'. Thus, for an instant, air cannot pass out anywhere.

Consonants in which an air flow is blocked are described as 'stops'. It seems, then, that in [pat] we might distinguish, as three 'slices', first a stop [p]; then [a]; then a final stop [t]. In the case of [t] the blockage cannot be seen in a mirror; one can feel, however, that the tip of the tongue is brought briefly into contact with an area behind the front teeth. That too closes off an outward flow of air; pressure behind this closure rises; and the sound heard at the end is that of air escaping as this second blockage is released.

The 'sound' of [a] would thus lie in between two periods of closure. 'Sound', though, is still in inverted commas, and it will already be clear that matters cannot be quite so straightforward.

Consider first the movements of the organs above the larynx. It is obvious that as the lips are closed, the gap between the jaws is also narrowed. That must be so, accordingly, in the production, as we represent it, of [p]. As the lips are opened, the lower jaw is then swung downwards, carrying with it the front part of the tongue, which is already flattened in the mouth. That is the transition, as we describe it, between [p] and [a]. In the transition between [a] and [t], the lower jaw swings upwards once more; and, as this happens, the tongue is raised, in part independently, towards a target position for that consonant. Between the [p] and [t] the size and shape of the resonator are continuously changing. Therefore the acoustic signal also changes continuously, in the kind of way already seen, in Fig. 15, in the transition between [iː] and [ɒ].

A famous experiment in the 1950s showed just how important such transitions are. In saying *tap* or *cat* instead, the movements of the lips, the tongue, and lower jaw are different; so, in spectrograms, the bands representing concentrations of acoustic energy will bend differently. The method, therefore, was to synthesize speech artificially from the input of such bands alone. Subjects could still perceive the difference between consonants like [p] and [t] and [k], even though the only other things they heard were periods of silence.

So what, next, makes the difference between [p] and [b] or [t] and [d]? For each pair of consonants the movements of the lips or tongue are similar. The crucial differences lie in the times at which the vocal cords are open or vibrating.

Differences like those in Fig. 16 (overleaf) are typical of many English speakers. In both words the passage through the mouth is closed twice, and in each case a vowel follows. Look then, in particular, at the points at which these periods of closure end. In *totter*, the vocal cords do not begin to vibrate immediately. There is therefore an interval in which air continues to flow freely through them; and, as the blockage is removed, the flow measured at the lips will be still higher. In *dodder*, however, the vocal cords begin to vibrate immediately. There is no interval and, as the blockage is reduced, the air flow will be lower. A similar difference would be registered in pairs of words like *poppy* and *Bobby*. A [b] is produced, before vowels, when the vocal cords begin to vibrate as the blockage ends; a [p] when their vibration is significantly delayed.

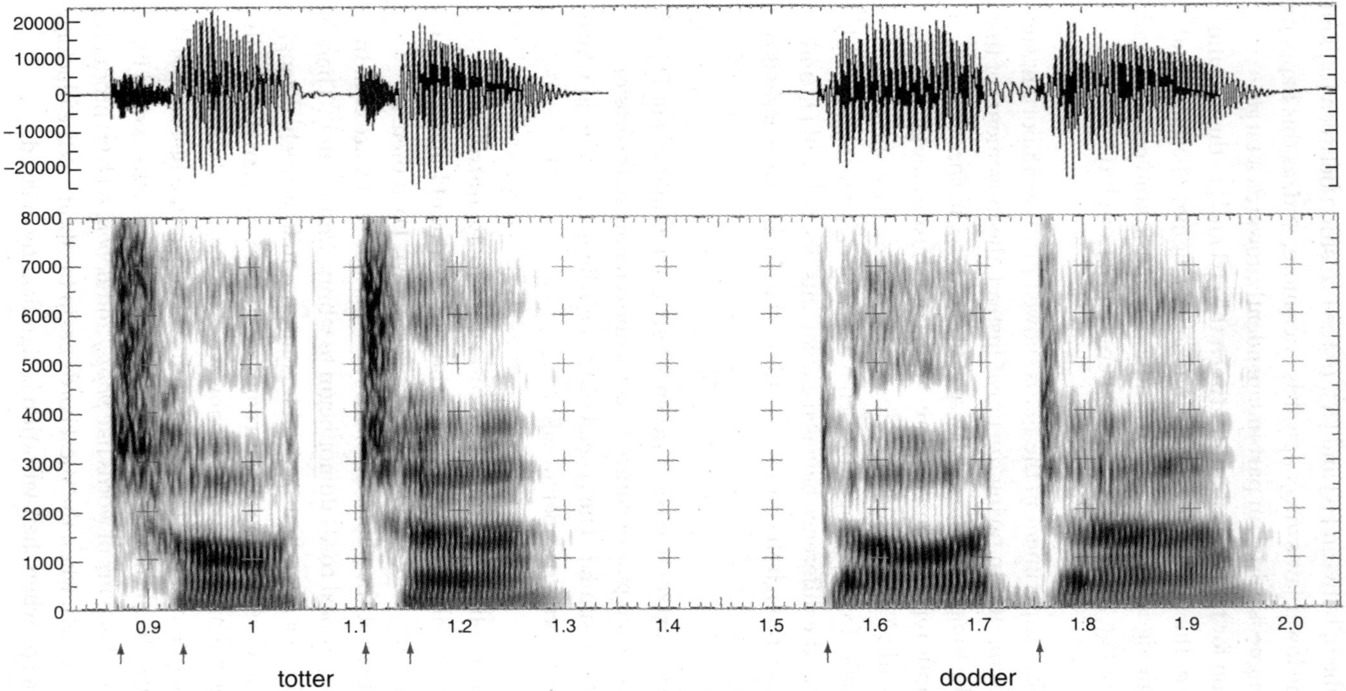

16. Wave forms and spectrograms of *totter* and *dodder*. Arrows mark the points at which the periods of closure end and, in *totter*, the intervals before the vocal cords begin to vibrate.

Some other differences can be registered. When [d] is produced between vowels, as in *dodder*, the vocal cords will be vibrating earlier, and this vibration tends to die out (as can just be seen in Fig. 16) after the passage of air through the mouth is blocked off. In the case of [t], it stops immediately. A vowel before [d] also tends (as again in Fig. 16) to be longer. Such differences, however, are again in the transitions between vowels and stops, not in steady state distinctions within stops as such.

Fig. 16 illustrates the differences as made by many English speakers: not, be warned, all. For it is obvious that there are other possibilities, and they are widely registered in other languages.

Some languages have no contrasts like these: they include in general those indigenous to Australia. The same consonant will accordingly be realized in ways that may sound, to a speaker of European languages, as at times more '[p]-like' or more '[t]-like' and at other times more '[b]-like' or more '[d]-like'. There are further differences, however, within Europe itself. An English speaker who sets out to learn Italian, for example, may not be quite aware of what is involved. Typically, however, in a word like *babbo* 'daddy', the vocal cords begin to vibrate while the lips are still closed for the initial consonant, and continue to vibrate through both the vowels that follow and the second closure. In a word like *pappa* '(bread) pap', they begin to vibrate at the point at which the initial closure ends and cease vibrating for a period coinciding with the second closure. In other languages there are three-way contrasts of this kind. In one set of stops, the point at which the vocal cords begin to vibrate is significantly later than the ending of the closure, as typically for [t] in English; such consonants are conventionally described as 'aspirated'. In another set, the timing is like that of the 'p' in Italian: no vibration during the closure, but no significant delay when it ends. In another set, the timings are more 'b-like'. This distinguishes three of four different sets of stops in, for example, Urdu and Hindi.

Beyond vowels and consonants

A word like *pat*, then, is not physically three 'slices' of sound, [p] + [a] + [t]. Units like [p], [a], and [t] are instead abstractions, valid within a system. It is worth asking, therefore, whether all appropriate abstractions are like those that alphabetic writing represents.

Let us look, for example, at the roles played by the lips. When one says 'Ah', with the jaw wide open, they too are stretched open and the postures they can assume are limited. It is obvious, however, that although they are part of a wider assembly, they are also in part independent. In saying 'Ooo', the lips are pursed or rounded; but it is possible to hold all else constant and, while doing so, to stretch them sideways. That is the posture they will also tend to have in saying 'Eee'. In 'Ooo' and 'Eee' the tongue too has a different posture; but again one can say 'Eee' and, holding the tongue constant, round the lips instead. This is one way, for example, in which English speakers learning French are taught the vowel in words like *lune* 'moon' (IPA [lyn]).

It is therefore possible to see 'lip-rounding', in a word like French *lune*, as itself one kind of abstract unit. But such a unit will potentially cut across the vowels and consonants of an alphabet, the IPA included.

Take, for example, a word in English like *clue*. The initial consonants, in the usual IPA transcription, are identical to those of, for example, *clean*. The vowels which follow are then defined, in part, by postures of the lips like those of 'Ooo' and 'Eee': [kluː] (*clue*), where they are 'rounded', as opposed to [kliːn] (*clean*). There is no reason, however, why the timing of lip postures should match those of the tongue especially. In *two clues*, for example, *two* ends with the same vowel, and in saying this the lips are likely to be rounded throughout all or most of both words. Compare the same [kl], as it is represented in this alphabetic format, in *three cleans*. In *three clues*, the posture of the lips is likely to change rapidly as soon as the [iː] of *three* ends; similarly, but in the opposite way, in *two cleans*. If *clues* is said on its own, their posture may again be similar throughout. Is it right, then, to imply that rounding is a characteristic of the [uː] alone?

Such questions arise seriously in languages such as Turkish. The box overleaf illustrates a regular pattern in which a rounded or 'unrounded' posture of the lips carries over from one syllable to the next. In a word like *köyün* 'of (a) village', the first vowel is similar to the 'ö' in German, with lip-rounding, and the second like the 'ü' in German, also with lip-rounding. In a word like *elin* 'of (a) hand', both vowels are instead 'unrounded', the lips tending to be spread. Each of these words has the ending of the genitive case ('of X'), which is one of many endings whose form varies in accordance with the syllable that precedes it. There is rounding in *köy* 'village', and there is rounding also in the *-ün* that follows. There is no rounding in *el* 'hand', and there is again no rounding in *-in*.

The pattern is described as one of 'vowel harmony', and the implication is that it is just the vowels that contrast. That is also implied by the way the words are written in the Turkish alphabet. This was first adopted in the 20th century, as part of a Westernizing programme pushed through, under Atatürk (Mustafa Kemal), in the years that followed the First World War. It distinguishes, exactly and efficiently, eight vowels: four (see box) which descriptions of the language class as rounded, four unrounded. Yet there is an alternative. In a word like *köyün* there is harmony, as we put it at the outset, between syllables. Nor, in reality, is the rounding characteristic merely of vowels. In this word the lips are in a pursed position from the beginning; they are pursed in the transition between syllables; and they are still pursed in the transition to 'n'. The 'harmony', in this light, is abstracted from both syllables as wholes.

The box also illustrates a second pattern, in which endings again

Regular patterns of 'vowel harmony' in Turkish

Examples are given of words with and without a genitive case ending (GEN). In the second and fourth columns, the syllable before the ending has a 'rounded' vowel: *ü* or *ö*, *u* or *o*. That of the ending (*-ün* or *-un*) is also rounded. In the first and third columns the corresponding vowel is 'unrounded': *i*, *e*, *ı*, or *a*. The 'GEN' ending (*-in* or *-ın*) is similarly unrounded.

In the first two columns, the vowel before the ending is described as 'front': front rounded *ü* or *ö*; front unrounded *i* and *e*. The ending too is also front: rounded *-ün* or unrounded *-in*. In the last two columns the vowels in question are instead 'back': back rounded *u* and *o*; back unrounded *ı* and *a*.

deniz	**tütün**	**kadın**	**sabun**
'sea'	**'tobacco'**	**'woman'**	**'soap'**
deniz-in	**tütün-ün**	**kadın-ın**	**sabun-un**
'sea-GEN'	**'tobacco-GEN'**	**'woman-GEN'**	**'soap-GEN'**
el	**köy**	**adam**	**son**
'hand'	**'village'**	**'man'**	**'end'**
el-in	**köy-ün**	**adam-ın**	**son-un**
'hand-GEN'	**'village-GEN'**	**'man-GEN'**	**'end-GEN'**

There are exceptions, but as regular patterns these affect many similar endings.

The vowels can then be classed as follows. In 'close' vowels the lower jaw and tongue are relatively higher, in 'open' vowels relatively lower.

	Front		Back	
	Unrounded	Rounded	Unrounded	Rounded
Close	i	ü	ı	u
Open	e	ö	a	o

'harmonize'. In a word like *sonun* 'of (an) end', *son* 'end' and *-un* 'GEN' are both rounded; but the postures of the tongue, especially, distinguish them from *ö* and *ü*. In *adamın* 'of (a) man', both *adam* and *-ın* (note there is no dot in the writing) are instead unrounded, but these too are distinct from *e* and *i* in *elin*. To produce the sound of 'ı' the best advice, for speakers of English, is to say a word like *push* while trying to spread the lips sideways. The posture of the lips is then like that of 'i', but that of the tongue is different.

The tongue is naturally a much more complex organ, and the postures it assumes, with those of the lower jaw, affect the shape and volume of the resonator along its whole length, from the larynx to the teeth and lips. The way these vowels are classified must thus involve a further process of abstraction. It is clear, however, that they form pairs. As *i* is to *ü*, so *ı* is to *u*: the evidence for that is in the way the 'GEN' and other endings vary. As *e* is to *ö* so, correspondingly, *a* is to *o*. If we then compare, say, *ö* and *o* one salient difference is that, in the case of *ö*, the body of the tongue is relatively towards the front of the mouth, whereas, in *o*, it is relatively towards the back. The same holds, individually, for other pairs distinguished on the same dimension: *i* versus *ı*; *ü* versus *u*; also (do not think of vowels spelled this way in English) *e* versus *a*.

Again, however, the effect is not just in one 'slice' of a syllable. The 'k', for instance, of *köy* 'village' is not the same, in terms of the precise posture of the tongue, as that of *kadın* 'woman'. Nor, for comparison, is the '[k]' of English *key* ([kiː]) objectively the same as that of *car* ([kaː]), though we transcribe them similarly. In the case of Turkish we could argue once more that the 'harmony' is abstracted from successive syllables as wholes.

Not all linguists will agree. We must always remember, however, that in talking of 'sound' units we are dealing with abstractions. Their relation to the physical reality of speech can be fascinatingly complex.

Chapter 9
Language and the brain

Our species, *Homo sapiens*, has a remarkably large brain. What is remarkable is not its absolute size: a largish animal can be expected in any case to have a bigger brain than, say, a mouse or a cat. What matters is the relation between the size and structure of the brain and the overall size of the body. By one measure, we are five times 'brainier', in a physical sense, than the trend in placental mammals generally.

Our nearest relatives also have a relatively large brain. So too, on the evidence of fossils from 3 million years BP, did the animals traditionally classed as 'hominid' or 'man-like'. Within a million years, however, *H. habilis* was already 'brainier' than any of them. This is the first species that palaeontologists assign to the same genus as ours. The skull of *H. erectus*, from around 1,000,000 BP, was still larger, and the trend continues until a period around 400,000 BP, when the earliest fossils have been assigned to our species. This 'braininess' we estimate from fossils is still purely physical. It is tempting, however, to associate its evolution not just with increased intelligence, but with specific patterns of behaviour that distinguish us from chimpanzees and other apes. Speech is one of the most striking; therefore many people have suggested that the origins of language, or at least of language-like forms of communication, lie in a period in which the brain became significantly larger.

This explosion in 'braininess', in man as in other primates, took place in the front especially of the cerebral cortex. The cortex is the part of the brain whose deeply folded surface lies immediately inside our head, and it is possible to deduce to some extent how it was folded in extinct species, by taking casts of the interior of fossil skulls. Some theories, therefore, have aimed for more detail. Let us assume, first, that control of language is located in specific areas of the cortex, and that we know where they are. Let us then assume that, if there is evidence of corresponding areas in a possible ancestor, they must have had a similar function. So, it is assumed, as they evolved so language-like behaviour evolved too.

This makes a lot of assumptions, the first of which is that we know if not how, then at least where language is controlled. How confident are we that we know this?

Why linguistics generally may not help

The 'how' especially is an awesome problem. We know how the sound of speech is generated, and how the vocal cords, the tongue, and other organs operate. We know how, in general, these and others organs are controlled by our nervous system. But we do not know how our brains determine the production of specific combinations of words. It is tempting to suppose that, since we analyse words into individual 'sounds', it too, for example when we say *no*, has to operate in terms of units such as [n] and [əʊ]. These do not even, however, exist literally in speech. They are abstractions established at a level of conscious understanding, by a process of analysis based in no way on brain functions. They may not offer any valid insight.

Take briefly, for comparison, the way we might suppose we see things. To see, for instance, that a car is whizzing past us is to perceive, in ordinary language, that its position is changing. We perceive it as a 'figure', in the term used by psychologists, moving relative to a 'ground', which is in turn formed by the perception of other things in view. It is therefore tempting to imagine that the patterns of light entering the eyes are analysed, in the brain, in something like that way. A figure would be identified from perceptions of shape and colour. The brain would at the same time register its movement from the way the patterns of light change. The perception of the car and of its movement would be inseparable aspects of a single experience.

At a conscious level this last statement is, of course, true. However, what brain scientists tell us is that a system dedicated to detecting movement is in reality distinct from ones detecting either shape or colour. The evidence has come largely from experiments on other animals whose eyes and brains have evolved similarly. The finding is confirmed, however, by rare instances in which a human brain is damaged, through disease or injury, so that one system only is disabled. In one case someone might see both the shape of the car and that it was moving, but have no perception of its colour. Red, blue, and so on would all look alike. There is also a well-studied case of someone who would see its shape and colour perfectly; but, bizarrely and disturbingly, not see that it was moving.

Such discoveries remind us that we are all outsiders when it comes to the grey matter in our heads. The systems linguists study are again abstractions from our conscious understanding of our minds and our behaviour. It would be naive to take these as a guide to how our brains must operate.

The warning applies not least to 'language' itself. What linguists study are, especially, the abstractions we describe as 'languages'. When we talk of 'language' in general, we are often talking, therefore, about properties of these. We must remind ourselves, however, of how much we then abstract away from. Speaking, for a start, is not the only form of meaningful behaviour. Without saying anything, people may point with their fingers, laugh or smile, put up their hands in despair, turn on their heels and walk away. In some societies, one bows to show respect; in others it would be ironic. All this is implicitly excluded as not 'language'. We also abstract away from many properties of speech itself. Speaking slowly, for example, can be meaningful; so can whispering, or shouting at the top of one's voice. That too, however, is not something linguists usually include. On this basis, many linguists ask how children come to master a specific language, in abstraction from their acquisition of all other forms of skill or knowledge. It seems reasonable to do so, in the light of conscious everyday experience. But it does not follow that the brains of children must develop correspondingly.

Take, for example, the way we talk about the meanings of words. 'Ways' would perhaps be better, since different linguists have different ideas of how they should be described. They tend to agree, however, that in saying what a word means we do not need to describe the world in general. A word like *fox*, say, has to be distinguished from contrasting words like *vixen*, *badger*, or *rabbit*. What is known, however, about the physiology or behaviour of foxes, or the numbers and distribution of particular species such as *Vulpes vulpes*, is not part of its meaning. In describing the meaning of *swim*, we have no reason to explain buoyancy or the mechanics of propulsion. This line can be hard to draw, and that perhaps might be a warning. Nevertheless it make sense to treat knowledge of how words are used as separate from what many linguists call 'encyclopaedic' knowledge.

Our brains, however, may be organized quite differently. Language is peculiar to our species: we 'have' it, and our nearest living relatives do not. But its evolution has been accompanied, to put it in the vaguest possible way, by a significant increase in intelligence. One obvious question is how intimately language and intelligence were linked. Language as we know it is a means of thought and not just of communication, and both language and intelligence in general are bound up with memory. It is not clear why we should assume that a 'linguistic memory', of how individual words are used in individual languages, has evolved separately.

Are there 'speech centres'?

The problem of 'where' language is controlled seems more amenable. Medical evidence, in particular, has long pointed to specific areas of the brain involved in understanding or producing speech. The problem, though, is that 'involved in' may mean strictly no more than it says.

The crucial areas for language are normally on the left side of the brain. The brain has a structure like the kernel of a walnut, with two similar-shaped 'hemispheres' linked physically towards the middle. The functions of the hemispheres are in many ways symmetrical. Each hemisphere controls limbs on the opposite side of the body, and receives input from the opposite half of our field of vision. These are functions, of course, we have in common with many other animals. In other ways, however, either hemisphere may be dominant: the right, for example, is dominant in one respect when people are left-handed. Where language is concerned it is the left that is dominant in all but a tiny minority of people. The evidence for this comes mainly from studies of people who have suffered brain damage. Tumours and cerebral strokes are sadly not rare; nor are injuries to the head in war, or in the unending accidents on our roads. A patient's speech is often affected in such circumstances, and when this happens the damage is almost always on the left side of the brain.

Two areas of the brain thought to be connected with language were named over a century ago (see box). If there do exist 'speech centres' in the brain, dedicated to the processing of language, these are by long tradition the main candidates. Many neurologists have since tried to be much more specific.

The evidence is in many ways quite puzzling. Take, for instance, a case history reported in the 1940s, from the University Clinic in Oslo. The patient ('Astrid L.') was a Norwegian woman whose brain had been injured badly on the left side, in an air raid in 1941. She

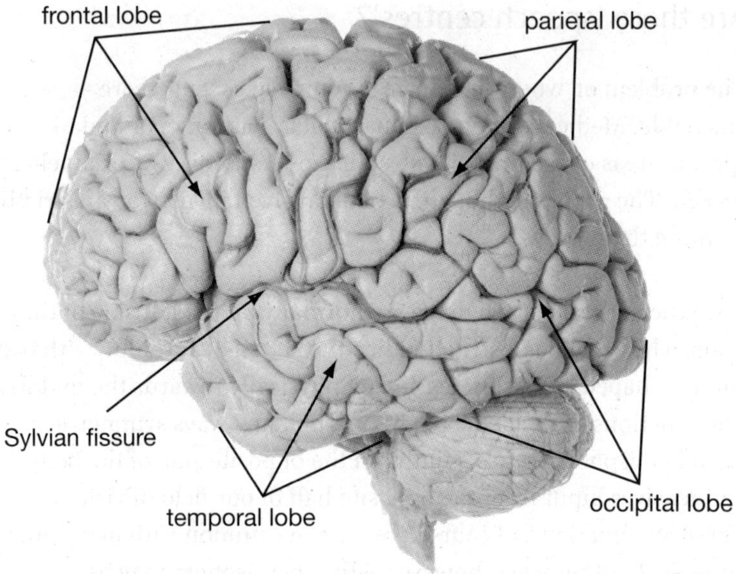

17. The left hemisphere of the human brain. The cortex is divided, in each hemisphere, into four lobes. The Sylvian fissure divides the frontal lobe from the temporal, immediately below 'Broca's area'.

was at first unconscious, matter was spilling out, and X-rays revealed a large area of damage in the left frontal lobe. It is comforting, therefore, that this story has a happy ending. By the time the case was reported in 1947, she and her husband had had a baby, and she was in good health.

When she recovered consciousness in hospital, she was paralysed on her right side and at first not able to speak at all. Gradually, however, she got better, and two years later, on admission to the University Clinic, she could walk naturally and talk fluently. Her speech was marked, however, by a change above all in the 'melody of language'. The actual patterns varied but, in the words of the report, 'she never had the natural Norwegian accent when she had to link several words together in a sentence'. Thus, in particular, she often had a high pitch at the end of a sentence where one would expect it to be lowered, and in a specific sentence like *Jeg tok den* ('I took it')

'Broca's area' and 'Wernicke's area'

The first area is named after a 19th-century French physician, Paul Broca, who identified it in 1861 in a patient whose brain had suffered massive damage in this region, and, until death, was merely able to repeat what seemed a single syllable. The other is named after Carl Wernicke, who reported on two different cases in the 1870s. Both areas, looking from the side, are broadly central; both, looking from the top, lie on the outside. 'Broca's area' is more precisely in the frontal lobe, immediately above the deep fold called the Sylvian fissure. See Fig. 17 for these features. 'Wernicke's area' is located further back, roughly behind the temples. Brains differ in detail, and introductions give at best schematic diagrams. We should remember too that, in many patients, much more of the brain is actually affected.

Two classic patterns of disorder are in turn described as 'Broca's aphasia' and 'Wernicke's aphasia'. These are effectively labels for sets of apparent symptoms: on the one hand, lack of fluency and 'grammar'; on the other, fluency but lack of 'content'. But the implication is that different symptoms follow damage in different regions. Some investigators have suggested further that specific aspects of the apparent processing of language, like 'speech planning' (Broca's) and control of sentence structure (also Broca's), or 'speech comprehension' (Wernicke's), should be assigned to these areas. Support for this is often claimed from studies whose assumptions should be looked at critically, in which patients with brain damage have been presented, for example, with test sentences, written rather than spoken, and their responses in an experimental setting have been interpreted as evidence of how well they would be able to understand them, with reference to the grammatical structures, in particular, that linguists abstract.

she would overemphasize *den*. In normal speech, it would instead be reduced to form a single word-like unit with *tok*. Three years after the injury, she had to work hard at a test which required her to distinguish in pronunciation pairs of words (as there are in Norwegian) with contrasting changes in pitch. The result was that she seemed to other Norwegians to be speaking with a German accent. This was alas in the 1940s, when the Nazis had occupied Norway with no declaration of war, the Gestapo following, as usual, on the German army's heels. When 'Astrid L.' was first admitted to the University Clinic she complained bitterly, for example, that people were refusing to serve her in shops.

Why then were these aspects of her speech so noticeably not under control? The problem with its 'melody' did not lie in the control of pitch as such. 'Astrid L.' had been able to sing quite early in her convalescence, and when attending the clinic could sing perfectly in tune. It remains a mystery why, at this stage of her recovery, the pitch contours of speech were the main thing going wrong.

Many surveys deal with things observed to go wrong much more often. In the worst case, patients have effectively no speech at all, and show little sign of understanding what is said to them. That can also be an end result of a degenerative disorder such as Alzheimer's disease, which progressively destroys parts of the cortex in old age. In other cases people seem, at least, to understand speech normally: if asked, for instance, to do something they will do it as instructed. Their speech, however, may seem to be little more than one word, in the simple form we look up in a dictionary, followed by another. Suppose, say, such a patient is trying to tell you there are cats in the garden. You might hear a word you recognize as *cat*, but without a plural ending. After what may seem a false start or delay, you may hear another word recognizable as *grass*. But they would not be combined with forms like *are* or *the* in ways that make up a coherent sentence. Other patients can, in contrast, rattle away fluently. The problem, however, is precisely that they rattle, uttering streams of words to which we find it hard to attach a concrete meaning. There may also be more obvious evidence that the way they understand speech is impaired. Some patients may use nonsense words, like those in, for example, Lewis Carroll's 'Jabberwocky'. A sentence such as *And the mome raths outgrabe* (last line of 'Jabberwocky') can in part be understood quite easily. It is linked normally, by *and*, to the one before; *raths* may be plural, for example; the 'raths' referred to might, perhaps specifically, be in a state of 'momeness'. The point, however, of Carroll's poem, and analogously in this kind of speech disorder, lies in what on earth a rath that is mome might be. In less serious cases patients talk as if they had words on the tip of their tongue. If asked to pass a knife, say, they may do so; thus they know what *knife* means. Yet, to ask for one themselves, they may speak in a roundabout way: *Can I have? . . . wait . . . you know, you use it to cut things.*

Most theories of where language is controlled have been based on studying such patients. What we are reporting on, however, are effects not causes. In medical parlance, they can be classified at best as 'syndromes': that is, as collections of symptoms. AIDS, for comparison, was defined as a syndrome ('**A**cquired **I**mmune **D**eficiency **S**yndrome') in the light of symptoms first reported in the early 1980s; the hunt was then on to discover an agent that might cause it. The problem, in our case, is to explain abnormal patterns of behaviour in relation to brain damage in specific areas. But there are limits to how far this line of research can take us.

One obvious problem is that 'symptoms', as in other forms of broadly 'mental' disorder, are identified by our perceptions of how people behave normally. A patient might, for instance, make what we interpret as a grammatical error: *if Mary* ***come*** *tomorrow*, for example, not *come**s***. Slips occur in normal speech too; but, when patients make them, they are liable to be seen as symptoms and clinicians have a label for them. What we notice, however, is inherently subjective. Take again, for example, the case of 'Astrid L.'. In recent surveys, her disorder is sometimes called a 'foreign accent' syndrome, and said to be rare. This term, however, does not even describe speech as such, but how other members of a community, of whom the clinician is one, react to it. The original report, by G. H. Monrad-Kohn, coined instead the term 'dysprosody', referring to an abnormality in, for example, a pitch contour. It is hard to be sure that all 'dysprosodies' have been consistently recorded, when other abnormalities are present and a patient's speech is not so fluent that its 'foreignness' is all that strikes one.

Another warning is that language may be processed much more widely than appears from a specific injury. The reason why we talk of 'processing' is, in part, that patients can recover. It seems then that they must in some sense retain 'knowledge' of their language, both of words and of the rules by which they are combined, despite what might be diagnosed as a temporary problem in 'accessing' it, or making use of it when accessed. We are talking now, of course, in terms reflecting not just an insider's concept of a language, but a technical understanding of the kinds of information system we ourselves design. Let us at least imagine, however, that the brain works in that kind of way. Even so, the evidence of where damage is found could mislead us.

Think, for comparison, of how houses are lit up by electricity. The system might go wrong at one end if, say, a fuse blows and a room where people are sitting is plunged into darkness. That is easily remedied: if they are out of fuse wire, they can bring in leads from somewhere else. There might also be a problem, at the other end, in a power station that supplies the grid. Other stations, however, could compensate for it. Suppose, though, that a power line which supplies a whole town is brought down in a storm. The effect may then be devastating. The repair may take days, and meanwhile nothing that depends on the supply works. It does not follow, however, that since the line is down, and the power supply has gone dead, the place where electricity is generated must be where the storm struck.

The comparison with the brain is scarcely exact. Nevertheless we should be careful not to jump to conclusions about something we have not designed and do not understand. It could be that the damage we locate affects a 'pathway', as brain scientists describe it, in a system that is actually very diffuse.

What of the future?

This may all sound rather pessimistic. But hope springs eternal, and the future for the study of the brain in general does seem genuinely brighter.

One reason is that instruments get better and better. With brain scanners, it is now not only easier to locate exactly where brains have been damaged. It is also possible to observe where they are active as experiments are conducted. The most common technique is to infer activity in neurons from an increase in the flow of blood supplying energy to them. The brain needs energy, lots of it. We would need to eat far less if it was not so big. The method, therefore, is to measure indirectly how much is supplied to different areas. A higher blood flow is a sign that cells are working harder. Another technique, which seems still more promising, is to register activity of cells directly, by picking up minute electrical changes. The impact of brain scanning is, of course, much wider than in studying what happens when we speak. Linguistics is one discipline, however, that is poised to learn from what it might reveal.

It is important, however, that normal brains too should be studied. Patients, alas, are always with us and available for testing. An experiment, therefore, might be designed to study patterns of activity in subjects whose behaviour is abnormal in different ways, or whose brains have been affected in different regions. We must remember, though, that what we find may be in part due to the ways in which their brains are compensating for the damage.

Suppose, for the sake of comparison, that you lose the use of your right hand. There are things, then, that you used to do with two hands or with that hand alone, that you must now learn to do some other way. But you do learn. If you are right-handed, you will gradually force yourself to write, for example, with your left hand instead. That obviously involves your brain as well as your muscles, the more so as it is there that handedness is established. Now the processes of interest to linguists are within the brain itself. We cannot assume, however, that the way it works when it is damaged is the way it would work normally, minus, as it were, whatever used to go on in the parts affected. This might be rather like investigating, say, how people hold things by observing how they do it when one arm is amputated.

We can therefore expect more experiments in which brains of normal speakers are scanned. Another ground for hope, though, is perhaps more paradoxical. But the seeds of wisdom may lie in our realizing fully how mysterious the brain is.

There was a time when the brain was often seen as like a digital computer. At the 'hardware' level neurons are connected to other neurons, and electrical signals are simply passed along these circuits. That was, however, before neurologists knew as much about the chemistry of the brain as they know now and are still discovering. At a 'software' level, many investigators then believed that, if we could abstract a task that brains could be assumed to do, such as working out the grammatical structure of a sentence, and program a computer to do what we had abstracted, that would give us direct insight into how a system within the brain must deal with the input it receives. This is hopefully in the past, when computer science was itself more primitive. We had no reason, however, to assume that brains have dedicated 'software' systems, designed for sequences of subtasks into which some larger task, like understanding speech, is chopped up.

The truth is that we do not know how what is happening physically in the brain relates to an experience such as understanding a sentence. 'Understanding' is, of course, already strictly an abstraction from experience, though most linguists and psychologists scarcely question it. 'Sentences' are still more clearly an abstraction, though sufficiently valid at the level at which linguists usually work. There may, however, be a causal link more staggeringly complex than we yet conceive, between the physiological workings of the brain and the behaviour we observe and analyse, or the mental structures and impressions created by the interaction between them.

Further reading

Most general books on language and linguistics are textbooks aimed directly at undergraduate or postgraduate students. One that is not is David Crystal's *The Cambridge Encyclopaedia of Language*, 2nd. edn. (Cambridge University Press, 1997). There is also a good one-volume handbook, edited by Mark Aronoff and Janie Rees-Miller, *The Handbook of Linguistics* (Blackwell, 2000). Dictionaries of linguistics cover terminology especially: my own *Concise Oxford Dictionary of Linguistics* (Oxford University Press, 1997) is now available both in print and as part of *Oxford Reference Online*.

Linguistics is conventionally divided into several branches. Textbooks therefore tend to focus either on one branch specifically, or on branches seen as central. Two of the most successful general introductions are by Victoria Fromkin and Robert Rodman, *An Introduction to Language*, 6th edn. (Holt, Rinehart and Winston, 1998), and by Andrew Radford and others, *Linguistics: An Introduction* (Cambridge University Press, 1999). Another, longer text concentrates more narrowly on languages as systems of rules: Victoria Fromkin (ed.), *Linguistics: An Introduction to Linguistic Theory* (Blackwell, 2000).

The first separate branch, as many linguists see it, is phonetics: basically the study of how speech sounds are produced and perceived. For a leading introduction, by a distinguished researcher in this field, see Peter Ladefoged, *A Course in Phonetics*, 3rd edn. (Harcourt Brace,

1993). For the ways in which sounds are distinguished in different languages, see Peter Ladefoged and Ian Maddieson, *The Sounds of the World's Languages* (Blackwell, 1996).

Phonetics is distinguished from 'phonology', seen as the branch which deals with units of sound within a theory of languages as systems. For an introductory treatment see, for example, Philip Carr, *Phonology* (Macmillan, 1993). 'Morphology' is the branch which deals with grammatical contrasts within words: see, among others, my own introduction, *Morphology*, 2nd edn. (Cambridge University Press, 1991). 'Syntax' is the branch which deals with the relation between words and other units within sentences, and for many linguists is the most important. A student can usefully begin with Noël Burton-Roberts, *Analysing Sentences: An Introduction to English Syntax*, 2nd edn. (Longman, 1997); see too Rodney Huddleston, *English Grammar: An Outline* (Cambridge University Press, 1988), for a short account of English syntax and morphology in general. There are many introductions, at a technical level, to Chomsky's theory of syntax in particular: one both accessible and of moderate length is by Ian Roberts, *Comparative Syntax* (Arnold, 1997). For a presentation of Chomsky's life and work in general, by a prominent theoretician who has long been very sympathetic to his ideas, see Neil Smith, *Chomsky: Ideas and Ideals* (Cambridge University Press, 1999).

The study of meaning, in all aspects, is conventionally another branch, 'semantics'. Some textbooks actually treat semantics very narrowly: for a catholic account, by a distinguished scholar, see John Lyons, *Linguistic Semantics: An Introduction* (Cambridge University Press, 1995).

For many linguists other topics are peripheral, some very peripheral indeed. For the background to the origin of language, it is helpful to consult a general book on human evolution: see Steve Jones and others (eds.), *The Cambridge Encyclopaedia of Human Evolution* (Cambridge University Press, 1992). Two monographs on the diversification of language are both thought-provoking: Johanna Nichols, *Linguistic Diversity in Space and Time* (University of Chicago Press, 1992); Daniel

Nettles, *Linguistic Diversity* (Oxford University Press, 1999). So too is R. M. W. Dixon, *The Rise and Fall of Languages* (Cambridge University Press, 1997). Tore Janson, *Speak: A Short History of Languages* (Oxford University Press, 2002) is very readable.

For a popular introduction to how languages change, see Jean Aitchison, *Language Change: Progress or Decay?*, 3rd edn. (Cambridge University Press, 1991). For a general textbook in historical linguistics, by a leading specialist, see Lyle Campbell, *Historical Linguistics: An Introduction* (Edinburgh University Press, 1998); for a textbook introduction to the study of dialects, J. K. Chambers and Peter Trudgill, *Dialectology*, 2nd edn. (Cambridge University Press, 1998), from which I have adapted Map 1. Variation like that in New York is conventionally part of 'sociolinguistics': for a beginner's introduction see Janet Holmes, *An Introduction to Sociolinguistics*, 2nd edn. (Longman, 2002).

For the families of languages across the globe see, for example, the relevant articles in William Bright (ed.), *International Encyclopaedia of Linguistics*, 4 vols (Oxford University Press, 1992); a second edition, under a new editor, is in preparation. My dictionary of linguistics also has brief entries. The most recent survey of Indo-European in particular is by Robert Beekes, *Comparative Indo-European Linguistics: An Introduction* (John Benjamins, 1995). For a survey of different forms of writing, see T. Daniels and William Bright (eds.), *The World's Writing Systems* (Oxford University Press, 1996); for a relevant textbook, Florian Coulmas, *Writing Systems: An Introduction to their Linguistic Analysis* (Cambridge University Press, 2003).

For the human brain in general, see the popular introduction by Susan Greenfield, *Brain Story* (BBC, 2000), based on an excellent television series. For a recent introduction to the study of language in the brain, covering clinical evidence especially, see Loraine K. Obler and Kris Gjerlow, *Language and the Brain* (Cambridge University Press, 1999).

“牛津通识读本”已出书目

古典哲学的趣味
人生的意义
文学理论入门
大众经济学
历史之源
设计，无处不在
生活中的心理学
政治的历史与边界
哲学的思与惑
资本主义
美国总统制
海德格尔
我们时代的伦理学
卡夫卡是谁
考古学的过去与未来
天文学简史
社会学的意识
康德
尼采
亚里士多德的世界
西方艺术新论
全球化面面观
简明逻辑学
法哲学：价值与事实
政治哲学与幸福根基
选择理论
后殖民主义与世界格局
福柯
缤纷的语言学
达达和超现实主义
佛学概论
维特根斯坦与哲学
科学哲学
印度哲学祛魅
克尔凯郭尔
科学革命
广告
数学
叔本华
笛卡尔
基督教神学
犹太人与犹太教
现代日本
罗兰·巴特
马基雅维里
全球经济史
进化
性存在
量子理论
牛顿新传
国际移民
哈贝马斯
医学伦理
黑格尔
地球
记忆
法律
中国文学
托克维尔
休谟
分子
法国大革命
民族主义
科幻作品
罗素
美国政党与选举
美国最高法院
纪录片
大萧条与罗斯福新政
领导力
无神论
罗马共和国
美国国会
民主
英格兰文学
现代主义
网络
自闭症
德里达
浪漫主义
批判理论

德国文学
戏剧
腐败
医事法
癌症
植物
法语文学
微观经济学
湖泊
拜占庭
儿童心理学
时装
现代拉丁美洲文学
卢梭
隐私
电影音乐
抑郁症
传染病
希腊化时代
知识
电影
俄罗斯文学
古典文学
大数据
洛克
幸福
免疫系统
银行学
景观设计学